# Redefine Belleza

# Jenna Lucado

CON MAX LUCADO

# Redefine

# {Be·lle·za}

*Lo que Dios ve cuando te mira*

La misión de Editorial Vida es ser la compañía líder en satisfacer las necesidades de las personas con recursos cuyo contenido glorifique al Señor Jesucristo y promueva principios bíblicos.

**REDEFINE BELLEZA**
Edición en español publicada por
Editorial Vida — 2012
Miami, Florida

**© 2012 por Editorial Vida**

Originally published in the U.S.A. under the title:
   *Redefining Beautiful: What God Sees When God Sees You*
   **Copyright © 2009 by Jenna Lucado y Max Lucado**
Published by permission of Thomas Nelson, Nashville, TN
Thomas Nelson is a trademark of Thomas Nelson. All rights reserved.

Traducción: *Wendy Bello*
Edición: *Elizabeth Fraguela M.*
Diseño interior: *artserv*

ISBN: 978-0-8297-6033-0

CATEGORÍA: Juvenil no ficción / Cristianismo general

IMPRESO EN ESTADOS UNIDOS DE AMÉRICA
PRINTED IN THE UNITED STATES OF AMERICA

12  13  14  15  16  ◆  6  5  4  3  2  1

*Sé soñar porque tú dijiste: «Creo en ti».*
*Sé levantarme porque tú dijiste: «Me siento orgulloso de ti».*
*Sé amar porque tú dijiste: «Te amo».*
*Y sé quién soy porque tú dijiste: «Eres mía».*

*A mi papá en la tierra y a mi Papá en el cielo, supe escribir*
*este libro gracias a ustedes. Este libro es para ustedes.*

# { Contenido }

# { De parte de Jenna }

lgunos días me agrada. La mayor parte de los días lo detesto. Pero tengo que reconocer que es honesto. Siempre me dirá si tengo comida en los dientes o mucosidad en la nariz. No le preocupa decirme si una camiseta está demasiado apretada o si cierto color no va con mi piel. Le agradezco la honestidad pero al mismo tiempo es engañoso. Engañoso porque cada vez que me dice: «Ponte esta camiseta bonita y siéntete bien contigo misma» o «Baja cinco libras y serás feliz para siempre», eso no funciona. Nunca soy lo suficientemente buena para él.

Trato de no pasar demasiado tiempo con él o de lo contrario puedo caer fácilmente en su trampa de desánimo: «Jenna, veo que tienes celulitis por allá atrás. En estos días tienes la piel bastante grasosa. ¡Tienes que blanquear esos dientes!» Trato de bloquear sus mentiras que me dicen que no soy lo suficientemente buena, que no soy bella, pero es difícil.

Estoy segura de que tú lo conoces. Él tiende a aparecer en todo tipo de lugares: baños, autos, tiendas, gimnasios. Y estoy segura de que tú has sentido algunas de estas inseguridades cuando te paras frente a él.

¿Su nombre?

El espejo.

Tristemente el espejo rara vez me dice cuán bella soy. Nunca se fija cuando ayudo a mi mamá en la cocina o cuando evito los chismes en la mesa del almuerzo. Incluso cuando mi cabello está lindo, él solo se fija en el grano que tengo en la barbilla. Por su causa a veces me pregunto si alguna vez la palabra bella podría describirme.

> **Bello:** adj. 1. Tener cualidades atractivas que producen gran deleite o satisfacción al verlas, escucharlas, pensar en ellas, etc. 2. excelente en su tipo. 3. agraciado, encantador o lindo en particular...

Muy bien, esta pudiera ser la definición que el diccionario da de algo bello, pero seamos realistas. El espejo, junto con sus otros amigos como la televisión y las revistas parecen determinar qué es bello y qué no lo es. Hemos dejado que los chicos nos digan si somos bellas o no, y a veces hasta dejamos que el grupo de chicas populares en la escuela defina qué cosa es la belleza.

Debido a los miles de definiciones que las personas tienen de belleza, es fácil confundirnos y batallar para vernos bellas. Pero, ¡la verdad es que el espejo está equivocado! Él nunca usa la definición más importante, la que declara claramente qué es realmente la belleza:

> **Bello:** lo que Dios ve cuando te mira.

*¿Qué significa bello para ti? Piensa en alguien en tu vida a quien consideres bello/a. ¿Por qué él o ella te resulta bello/a?*

_____

_____

_____

_____

_____

_____

Está bien, muchacha, vamos a hablar de cosas importantes: nuestra apariencia, nuestra ropa y nuestros amigos. Nos contaremos algunos secretos, hablaremos con sinceridad de nuestras vidas, nuestros sueños, nuestros padres y Dios, ¡y, claro, vamos a hablar de los chicos!

Pero sobre todo, vamos a hablar de lo que en realidad significa ser bella, echar el espejo a un lado y descubrir cómo ser bella en realidad hará tu vida mil veces mejor.

*Jenna*

Capítulo uno

# { Rara es bella }

*Y*o soy rara.

De verdad.

Si la revista *In Style* fuera a catalogar mi apariencia, estoy segura de que dirían algo así como «creativa informal» o «elegancia ecléctica» (aunque *In Style* nunca me presentaría porque realmente mi estilo no está a la moda).

¿Cuál es *tu* estilo? ¿Será el de Diva Despeinada? Te levantas a última hora, te pones cualquier cosa que esté afuera del clóset, un par de aretes favoritos y sales corriendo por la puerta para llegar a la escuela, en el auto te pones brillo de labios y corres al primer turno de clases con el cabello tal y como saliste de la cama? ¿O tal vez eres una Aspirante a Estrella Deportiva? Te vas a clases con el último modelo de zapatillas Nike, un suéter con capucha que hace juego con el símbolo de tus zapatos y una cola de caballo permanente. ¿O eres muy moderna, artística, campechana, con clase o sencillamente no te interesa? Todas tenemos un estilo. ¿Cuál es el mío? Bueno... es extraño.

Pensamos en la moda como nuestro estilo, pero oye... nuestro estilo es mucho más que eso. También complementamos con accesorios que son nuestros hábitos locos, rarezas tontas y creencias fieles. Esos son los accesorios de nuestras vidas que la gente ve cuando miran más allá de nuestro estilo para vestir y ven nuestro verdadero estilo. El que ven nuestros mejores amigos porque nos conocen muy bien. El que Dios ve. Pero tengo que ser honesta. Mi estilo es extraño por dentro y por fuera.

De hecho, si hiciera una lista de todos mis hábitos extraños y mis rasgos raros, apuesto cien dólares a que mi lista sería tan larga que pudiera darle la vuelta a la tierra como si fuera la cinta en un regalo de Navidad. Aunque, seamos honestas, la circunferencia de la tierra mide unos 40,200 kilómetros. Nadie puede ser tan raro... ¿o sí? Tú decides. Esta es una breve versión de mi lista de «Por qué soy rara":

1. **Adivina, ¿cuál es mi maquillaje número uno?** Adelante. ¿Pensaste que es un labial de Clinique? ¿Un rubor de Bobbi Brown? ¿Un rímel de M·A·C? Todos son muy buenos pero no, no y no. La cosa número uno sin la cual nunca salgo de mi casa es... Vaselina. Sí, Vaselina. Yo gasto un pote de Vaselina mucho más rápido que una barra de chocolate. ¡Me encanta! Es mi ungüento multiuso. La uso como brillo de labios, para quitar maquillaje y como loción. Si tengo algunos cabellos fuera de lugar, los aliso con un poquito de Vaselina. Para mí es tan necesaria como el agua y el oxígeno. Es uno de los elementos esenciales para mi apariencia.

2. **En mi estilo hay un color prohibido: el rosado.** No me gusta el rosado. No me interesa que la revista *Teen Vogue* diga que está de moda. No me importa si *Glamour* le llama «el color del momento». No uso el rosado. No me gusta decorar con rosado. Si el rosado fuera un olor, me taparía la nariz. Si el rosado fuera un día feriado, yo no lo celebraría. Si el rosado fuera comida, no lo comería. Está muy bien para otras, pero no para mí.

3.  **En lugar de chillar cuando rebajan un lindo par de zapatos en la tienda,** yo soy la persona rara que se emociona cuando rebajan los caramelos o los chocolates en la gasolinera. No pasa un día sin que yo no me meta en la boca alguna delicia azucarada. De hecho, ahora mismo estoy masticando un caramelo agridulce porque empecé a babearme sobre el teclado de tan solo pensar en los caramelos. Yo preferiría una bolsa de caramelos a un sobre de piel de cocodrilo de Chanel.

## Consejos de belleza
### Arreglos con Vaselina

Está bien, a lo mejor te ríes, pero yo creo que la Vaselina está muy subestimada. Mira qué usos tan buenos tiene mi ungüento maravilla:

- crema para las cutículas

- crema para los pies (asegúrate de ponerte medias después de aplicarla, ¡las alfombras y la Vaselina no ligan bien!)

- humectante para los ojos

- desmaquillador

- brillo para los labios

- loción

- controla los cabellos sueltos

¿Quién hubiera pensado que un pote pequeño y económico de Vaselina encerraría toda esta magia?

Lo bueno es que yo no soy la única rara. Cada una de nosotras es rara a su manera. Analízalo. ¿Cuáles son algunos de los elementos esenciales del estilo que te hacen sentir como tú misma? ¿Todo tiene que coordinar? ¿Tienen que hacer juego el cinto, los zapatos, la cartera, la falda y hasta el cintillo y las medias? ¿El maquillaje es una mala palabra o para ti Barbie es una súper heroína? Tal vez solo usas blusas de colores oscuros para que no se vean las manchas de sudor debajo de los brazos. (¿O eso solo me pasa a mí?) ¿Y qué de esos rasgos o características que te hacen única? ¿Dormir con cinco almohadas? ¿Ver retransmisiones de algún programa de televisión después de la escuela? ¿Siempre te pones ropa interior roja cuando hay juego? ¿Te cepillas los dientes mientras cuentas hasta 138? No hasta 140, ni hasta 150, sino hasta 138.

Toma un minuto y haz una lista de tus hábitos, gustos, lo que no te gusta, los rasgos de tu personalidad y los elementos esenciales de tu estilo único. Es decir, ¿qué te hace rara?

*Mis rasgos únicos:*          *Elementos esenciales de mi estilo:*

_____

_____

_____

_____

_____

¿Ves? ¡Tú también eres rara! Pero no hay problema. ¡Ser rara es ser bella! La rareza es lo que te hace... bueno... ¡tú!

**Consejo de belleza**
*Acepta tu rareza*

*Una de mis metidas de pata más grandes fue tratar de ser otra persona y no la persona rara que soy. Tratar de ser alguien que no eres no es un buen estilo. Por una parte no es natural, y por otra, en realidad requiere demasiado esfuerzo. Así que, ¡acéptate rara y bella como eres! ¡Te aseguro que luces mejor como eres!*

## POR QUÉ SOMOS RARAS

Yo solía preguntarme por qué somos como somos. ¿Por qué soy rara? ¿Por qué alguna gente le pone mayonesa a un sándwich con mantequilla de maní? ¿Por qué algunas personas solo se ponen vaqueros anchos? ¿Y cómo es que las divas de la moda llegan a ser divas de la moda?

Esta es mi conclusión: Prácticamente puedo atribuir cada rasgo raro y casi cada elemento único de mi estilo a la influencia de alguna persona en mi vida.

Por ejemplo, mi controversial obsesión con los caramelos viene de mi mamá. Cuando yo era niña, ella siempre almacenaba caramelos en la casa. Así que compraba al por mayor. Tenía fijación con unos caramelos redondos, rojos y duros tan picantes como un jalapeño. Pero ya que solo le gustaba la cubierta picante del caramelo, los centros dulces se quedaban en los mostradores de la cocina. Todos sabíamos que si había una bolita blanca pequeña rodando por el piso, mamá había estado chupando sus caramelos favoritos. Comía uno detrás de otro, llenaba el cesto de la basura con las envolturas plásticas. Hasta el día de hoy no entiendo cómo lo picante de aquellos caramelos no le paralizó las papilas gustativas durante el resto de la vida.

¿Y por qué detesto el rosado? Bueno, cuando estaba en kindergarten me sentaba en el bus escolar junto a mi amiga Mary. Ella me preguntó cuál era mi color favorito. Cuando le dije que era rosado, se burló de mí: «¡El rosado es un color estúpido! Solo a las tontas les gusta el rosado. El violeta es el mejor color del mundo». Fue ese día que mi mundo rosado se desmoronó. Pasé de ser una amante del rosado a odiar el rosado. ¡En mi clóset no encontrarás puntos rosados ni listas rosadas!

¿No resulta tonto cómo un suceso al parecer insignificante como ese en realidad moldeó una parte de mí? Pero esos pequeños recuerdos, personas y sucesos de nuestras vidas influyen mucho más en nosotros de lo que pensamos. En realidad pueden moldear nuestras personalidades.

Las personas también pueden influir en nosotros de maneras muy destructivas. Yo tengo una lista de temores e inseguridades tan larga como mi lista de «por qué soy rara». Y así como pude atribuir mi rareza a la influencia de alguna persona en mi vida, también tengo la tendencia de encontrar un rostro en la raíz de mis inseguridades. Estos rasgos negativos afectan mi estilo tanto como lo hacen mis raras tendencias en la moda. Después de todo, nuestro estilo va más allá de lo que está por fuera, ¿no es cierto? Se trata de mi porte, cómo nos parece que otros nos perciben y la disposición o actitud que mostramos. Estas son algunas inseguridades con las que lucho de vez en cuando:

*Redefine* [ be·lle·za ]

1. **Yo espero no caerles bien a las personas.** Esto se hace obvio en la manera de esforzarme por tratar de impresionar a la gente. Y todo se remonta al cuarto grado, cuando me enamoré de un chico que se llamaba Steven. Él fue mi primer amor, después del cantante Randy Travis, por supuesto. Yo hacía todo lo posible para gustarle a Steven. Trataba de ser simpática. Me vestía bonito. Oraba todas las noches para que yo le gustara. Pensé que estaba logrando algo, y entonces… sucedió. Amy, mi mejor amiga, me dijo que él le había pedido que fuera su novia. Recuerdo estar sentada junto a ellos en la iglesia cuando él le dio un anillo hecho con la envoltura de aluminio de un chicle. Mi corazón se hizo trizas. Un estúpido pedazo de papel de aluminio fue suficiente para sembrar en mí la idea de que yo no era lo suficientemente buena para gustarle a la gente. Incluso ahora me agoto tratando de que se me ocurra algo inteligente o interesante que decir para que otros piensen que es divertido andar conmigo. En otras ocasiones hasta me digo por adelantado que no le voy a agradar a una determinada persona, para no salir herida en caso de que así sea.

2. **Busco agradar a la gente.** Hago cualquier cosa por evitar conflictos con la gente. En la escuela, cada vez que yo tenía que hacer un proyecto en grupo, el proyecto siempre se convertía en uno individual. Yo era la que siempre se ofrecía para hacerlo todo, y mis compañeros de aula lo sabían. Así que cada vez que ellos querían un receso de las tareas escolares, sabían que podían llamarme y que yo asumiría la carga. A mi boca le resulta muy difícil decir la palabra no y yo no me defiendo para así poder evitar el conflicto.

3. **Temo fracasar.** Cada vez que enfrento una nueva responsabilidad u oportunidad, siento una abrumadora necesidad de correr a casa y llorar en mi almohada porque me aterra echarlo todo a perder. Me sorprendo imaginando lo peor, en lugar de ir tras mis sueños, porque le tengo miedo a una posible catástrofe. Ese tipo de temor puede ser paralizante.

4. **Yo solía luchar con mi apariencia.** Todavía me sucede en ocasiones. Las inseguridades comenzaron en la escuela intermedia cuando a todas las chicas les estaban saliendo los senos, menos a mí. Yo era lo que mi mamá llama «demorada en el desarrollo». Bueno, ¡ya estaba cansada de la larga espera! Yo era la única en mi círculo de amigas que no tenía nada de desarrollo en su pecho. Recuerdo que en el vestuario buscaba los rincones para que nadie pudiera ver mi sostén de niña. Mientras crecía, me enfocaba siempre en mis defectos, pensaba que no era lo suficientemente delgada o que mi cutis no era lo suficientemente bueno. Nunca estaba contenta con mi ropa. Era muy insegura con respecto a mi apariencia y escogía enfocarme en las partes negativas de mi apariencia física en lugar de encontrar lo bueno.

¿Y tú? ¿Cuáles son algunas de tus luchas y temores? ¿Con qué inseguridades tú luchas?

*Yo me siento insegura ante…* _____

_____

_____

*Redefine* [ be·lle·za ]

_____

_____

_____

_____

_____

_____

¿De dónde vienen todas estas cosas? Bueno, en mi caso, muchas de las preocupaciones y temores de las que acabo de hablar se remontan a la influencia negativa que alguien tuvo en mi vida.

Por ejemplo, mi maestro de piano en la escuela intermedia no era de los que levantan la autoestima.

Cada vez que lo miraba yo veía a Beethoven: un músico brillante con una gran necesidad de consejería para manejar su ira. Hasta tenía el cabello desordenado como el de Beethoven. Yo lloraba antes de cada clase de piano y le suplicaba a mi mamá que no me obligara a ir. Mis dedos sobrevolaban las teclas y temblaban como una vasija de gelatina en las manos de un niño de dos años. Sabía que si me equivocaba, mi maestro gritaría y con sus dedos golpearía las teclas que yo no había tocado. Mi temor al fracaso creció y creció en los pocos años que pasé con él.

Más adelante, cuando un maestro me miraba mal por causa de una respuesta incorrecta o si perdía el pase en un juego de voleibol, los rostros desilusionados de los que me rodeaban despertaban ese temor al fracaso.

Muy a menudo deseo que no me afecte lo que las personas digan o piensen de mí. Anhelo sentirme muy amada, muy completa y muy bella para que las palabras hirientes de alguien no puedan afectarme. Anhelo sentir confianza en quién soy, una confianza que sea lo suficientemente fuerte como para enfrentarme a las piedras que las personas me lanzan, y a las que yo pienso que a ellos les gustaría lanzarme. ¿Alguna vez quisieras eso?

Cuando estaba en la Universidad conocí a una chica que irradiaba confianza. Su nombre era Mónica. Ella quería a todo el mundo y todo el mundo la quería. Era una líder por naturaleza que tenía muchos amigos. Cada vez que me la encontraba ella se tomaba el tiempo para escuchar mis problemas, darme ánimo y hacerme sonreír. Nunca usaba la ropa más moderna. Ahora que lo pienso, nunca la vi ni siquiera usar maquillaje. Pero tenía una apariencia que decía: «Me siento cómoda como soy. Soy segura y confiada». Esa confianza era una belleza que yo no había visto en mis años de adolescencia. No era el tipo de estilo que se encuentra en las revistas ni en *Style Network*, pero era el estilo que yo quería.

## ALCANZAR EL ESTILO

¿Cómo podemos obtener el estilo de Mónica? ¿Cómo podemos sentirnos tan seguras de nosotras mismas que nuestros hombros caídos se levanten, nuestros ojos divagadores se enfoquen, nuestros temores desaparezcan y nuestras inseguridades con relación a los chicos y los amigos den paso a una confianza inquebrantable?

Me gustaría agregar a mi estilo los accesorios secretos de Mónica. Pero antes de poder tener lo que ella tiene, tengo que dejar un poco de espacio. Tengo que soltar algo. Paso por etapas cuando toda mi ropa me aburre. Me canso de mi estilo. Cada vez que eso me pasa hago una tremenda limpieza. Empiezo a limpiar cada centímetro de mi clóset. Saco las blusas, zapatos y carteras viejos que me recuerdan mi estilo anterior.

Tú y yo estamos a punto de empezar una limpieza, pero no hablo de limpiar un clóset. Y tal vez te sorprenda cuánto este nuevo estilo pueda influir en todo en tu vida. Además, ¡es gratis! Vamos a limpiar un poquito nuestros corazones. Vamos a deshacernos de todas las cosas malas que nos impiden tener un estilo fresco, un estilo que irradie alegría, que brille con confianza y que diga: «soy una creación admirable».

Es hora de redefinir *bella*.

Capítulo dos

# { Olvidar el desodorante }

A mí siempre se me olvida ponerme desodorante. Lo peor de esos días es el momento en que recuerdo que no tengo desodorante puesto. Enseguida me acomplejo. Los nervios echan a andar las glándulas sudoríparas y se abren las compuertas. Sentir que comienzan a formarse las manchas de sudor debajo de las axilas añade otra capa de complejo y otra capa de sudor, y continúa el ciclo sudoroso.

El otro día decidí hacer algunos mandados en el centro comercial. Fue un desastre. Salí corriendo de la casa sin cepillarme los dientes. Tenía la mitad del cabello recogido en una cola de caballo. ¿La otra mitad? Bueno, no tengo idea de lo que estaba haciendo la otra mitad. Solo sé que la tenía sobre la cara. Entonces, a mitad de las compras, me di cuenta de algo que empeoró más mi falta de estilo: ¡todavía tenía puestas las pantuflas de estar en la casa!

## Consejos de belleza
### Recordar las cosas fundamentales

*Dos cosas que he aprendido: número uno, reírme de mí misma en los momentos embarazosos; y dos, cómo evitar olvidar las cosas engañándome a mí misma para recordar: por ejemplo, poner un desodorante extra en mi cartera o mochila.*

*Así que para evitar algunas posibles experiencias humillantes, toma una linda bolsa de maquillaje y llénala con cosas esenciales como desodorante, tampones y cintas para el pelo para esa cola de caballo improvisada. Guárdala en tu auto, mochila o taquilla. (Y si alguien tiene un consejo para recordar los zapatos... ¡que me avise!)*

Cuando mis amigas y yo hablamos de momentos así, muy pocas pueden superar las cosas que yo he hecho. ¿Y tú?

*¿Cuál es el momento más embarazoso que has tenido por haberte olvidado de algo?*

_____

_____

_____

_____

## COSAS *NO-ESENCIALES* DE LA MODA

Las revistas de modas exageran las cosas «imprescindibles» para tener el estilo de la temporada. Ni se te ocurra salir de la casa sin la última moda en carteras tipo sobres o los zapatos bajos color metálico, y ¿para qué molestarse uno en ponérselos si no tienes lo último y mejor en base de maquillaje, rubor y sombra para los ojos? Todo es cuestión de vender, vender y vender. Y la meta, por supuesto, es que nosotros compremos, compremos y compremos.

Espero que en el fondo sepamos que nos irá bien sin todos esos accesorios de última moda. Las últimas novedades no son tan cruciales como parecen. De veras, dame un par de zapatos y un poco de desodorante y estaré bien.

Más allá de patrullar las manchas bajo las axilas y el calzado, hay algunas cosas «imprescindibles» que Dios considera cruciales para el estilo de una chica, y no estoy hablando de accesorios de moda. La verdadera belleza tiene muy poco que ver con esas cosas. ¿Alguna vez conociste a una persona que se vistiera de manera estrafalaria pero que lo hiciera con una confianza tal que su estilo se pusiera de moda? Lo que le hacía atractiva no era la ropa que se ponía, ¿verdad? Nuestro verdadero estilo se basa en quienes somos por dentro. Y ya sea que lo creas o no, la condición interior de nuestros corazones determina cómo nos vemos por fuera. Analízalo. ¿Alguna vez viste a una persona tan tensa o tan molesta que le cambiara su apariencia externa? ¿Alguna vez estuviste así de tensa? Algunos ejemplos: Expresiones faciales rígidas, un tono de voz áspero o mucha impaciencia con los demás. Pero cualquiera que sea la reacción, el resultado es el mismo: ¡tú no eres tú!

No importa cuán bellas nos hayamos puesto por fuera, si no tenemos los accesorios internos adecuados, no nos veremos bien. Entonces, ¿dónde conseguimos esos accesorios? ¿Y qué son? ¿Qué es lo que realmente necesitamos?

*Anota los accesorios que crees que necesitas en tu vida:*

_____

_____

_____

_____

_____

_____

Algunas veces en verdad no sabemos lo que necesitamos, y otras veces creemos que necesitamos cosas que en realidad no necesitamos...

*Redefine* [ be·lle·za ]

## Mientras menos, mejor

Cuando yo estaba en el primer año de secundaria culpé a Dios por olvidarse de darme un accesorio importante que todas mis amigas tenían: un novio. Pensaba que era injusto que todas ellas tuvieran un chico que les dijera que eran bellas. Pensaba que era injusto que ellas tuvieran a alguien para quien vestirse elegante en la escuela. Y sobre todo pensaba que era injusto que ellas tuvieran un nombre con el cual garabatear todas sus libretas. Yo quería un nombre para escribir en letras bonitas y así llenar los márgenes vacíos de mis cuadernos de espiral:

Yo  _____.

Yo le suplicaba a Dios que me diera un novio. Por fin, casi al final de curso, ¡encontré un novio! Era guapo, simpático, agradable, alto, atlético… ¿ya dije que era guapo?

Después de algunos meses saliendo, de tener cosquillas en el estómago y de darnos las manos, pasó lo peor: él y su familia se mudaron. ¡Se mudaron! ¡Mi primer novio, súper lindo, popular y simpático se fue de Texas para New Jersey! ¡Yo estaba tan enojada con Dios! ¿En qué estaba pensando? Me parecía que me había arrancado un pedazo. Me había quitado una parte esencial de mí apariencia, ¡un pedazo de mí!

Ahora, al recordar esto, veo exactamente por qué Dios quiso separarme de mi novio. En ese momento de mi vida no me importaba mucho establecer límites físicos. Mis amigas alardeaban de cuán lejos llegaban con sus novios, así que yo quería hacer lo mismo. Crecí sabiendo que se esperaba que yo fuera virgen hasta el matrimonio, pero pensé que todo era aceptable menos la relación sexual. Bueno, Dios acabó salvándome de muchos pesares. Sé que si mi novio se hubiera quedado en la ciudad yo le hubiera dado una parte enorme de mi corazón que no estaba destinada para él.

Muy a menudo pensamos que necesitamos cierta cosa que Dios no nos ha dado cuando, en realidad, él nos está protegiendo de algo que nos echaría a perder. Es un principio del mundo de la moda: a veces mientras menos, mejor. En este caso, menos novio era precisamente lo que yo necesitaba.

*Menciona algunas cosas que tú solías desear mucho pero que al pensarlo ahora te das cuenta de que Dios te libró al no dártelas.*

---

---

---

---

---

---

---

Así que mi novio era un accesorio innecesario.

Sin embargo, en ocasiones las personas carecen de cosas que realmente necesitan: padres cariñosos, un mentor que les anime, o un amigo realmente íntimo, alguien con quien quedarse despierto toda la noche, ver películas y contarse secretos. A veces nosotras las chicas detestamos mirarnos al espejo, pensamos que somos feas porque no hay nadie cerca que nos diga que somos bellas. O tal vez no nos invitan a salir los fines de semana como a las demás; pasamos por etapas en las que nos sentimos solitarias o excluidas. Durante esos períodos es muy importante que busquemos los accesorios correctos. Entonces, ¿cuáles son? Aquí hay una lista de mis ocho accesorios principales para la vida:

## Accesorios para la vida

- *Seguridad: Confiar en que, pase lo que pase, tenemos un Dios que nos ama*

- *Identidad: Saber quiénes somos y a quién pertenecemos*

- *Valor: Saber que somos muy apreciadas*

- *Amor: Conocer el amor de Dios por nosotros para poder amar a otros*

- *Autocontrol: Para tomar buenas decisiones*

- *Paz: Al creer que Dios tiene el control*

- *Gozo: Al conocer la Fuente de toda alegría*

- *Contentamiento: con la persona que Dios te hizo*

He descubierto que usar estos accesorios (particularmente todos a la vez) ¡hace a la gente bella por dentro y por fuera! Las personas que se visten con estos ocho esenciales son mis personas favoritas para reunirme con ellos.

Aunque es lamentable, no podemos comprar ninguno de estos en Neiman Marcus y Target no vende una versión con descuentos. Qué pena, yo lo sé. De hecho, a veces hay personas y cosas en nuestras vidas que se esfuerzan por mantener lejos de nosotros estos accesorios del corazón. Y en ocasiones nos faltan elementos en nuestras vidas que nos impiden tenerlos.

Si alguna vez has sentido que te faltan algunos de estos accesorios para la vida, no eres la única.

*¿Cuáles de estos accesorios usas de manera habitual? ¿Y cuáles desearías tener? ¿Existen personas en tu vida que han influido en el hecho de que uses o no algunos de estos accesorios?*

---

 

---

 

---

 

---

 

---

 

---

 

---

 

---

*Redefine* [ be·lle·za ]

Una persona que causó un gran impacto en mi vida fue mi padre. Ya que usa medias con sandalias, no es la persona a quien yo acudo en primer para hacerle preguntas en cuanto a la moda. De hecho, nunca le hago preguntas sobre la moda. Pero cuando se trata de poner accesorios a mi vida… ¡él me ha enseñado mucho! Él me ha desafiado y moldeado de tantas maneras. Papá me recuerda que soy bella, por dentro y por fuera, y me ha enseñado a encontrar y tener verdadera belleza.

En los próximos capítulos vamos a pasar algún tiempo con Max, mi papá.

Capítulo tres

# { Inesperada
## quemadura de sol }

«¡**P**apá, para!» Esas dos palabras resumen gran parte de mi época de escuela intermedia y secundaria. Ya fuera que yo estuviera tratando de acabar con sus pasos de bailes medio tontos o porque cantaba en voz alta en público, yo era quien lo tocaba por el lado o le halaba la camisa para poner fin a todas esas actividades embarazosas.

Con el tiempo llegué a amar todas sus extravagancias «embarazosas» y creció en mí una profunda gratitud por su influencia en mi vida. Pero nunca soñé cuán importante realmente puede llegar a ser un padre.

La relación entre una activa participación de un padre en la carrera académica de su hijo «está asociada con mejores notas en la escuela secundaria».[1] De hecho, se dice que «la mitad de los hijos con padres muy involucrados en familias que tienen a ambos padres informaron obtener las más altas calificaciones hasta llegar al duodécimo grado, en comparación con un 31.7 por ciento de los niños que provienen de familias sin un padre activo».[2]

¿Hay alguna tienda en particular donde compras la mayoría de tu ropa? Algunas veces mis amigas me dicen: «¡Tú eres una chica Forever 21!» Si alguien fuera a determinar de dónde sacas tu estilo, ¿qué tienda sería? Tal vez seas una chica GAP. Quizá estés pensando: *Yo soy una chica de tiendas de segunda mano* o tal vez estés pensando: *la ropa heredada es la que conforma mi estilo*. En muchas ocasiones hay una tienda en particular de la que llenamos nuestros armarios. Los papás son algo así como esa tienda principal. Gran parte de nuestro estilo proviene de su influencia y de nuestras relaciones con ellos. No solo estoy hablando de nuestra apariencia externa (aunque los papás pueden afectar nuestra apariencia física), pero los papás ayudan a definir elementos que conforman quiénes somos, como la manera en que nos vemos a nosotras mismas y a todo el que nos rodea. Es decir, ellos afectan nuestra perspectiva. Y nuestra perspectiva nos da un cierto punto de vista sobre cada aspecto de la vida y de cada persona que conocemos: o añade un gris apagado y nublado a nuestro mundo o le da claridad a los colores que nos rodean y hace que todo sea más bello. Es un poco loco, pero su amor puede transformar por completo la manera en que nos vemos.

El Dr. Kevin Leman, un psicólogo de renombre internacional, ha investigado mucho este asunto de papás/hijas. Él dijo: "El ingrediente [más importante] en la vida de cualquier mujer es la relación con su padre».[3]

Es así porque Dios diseñó que el amor de un padre fuera un pilar fundamental en el corazón de una chica. Pero si los papás son clave para modelar a las mujeres en quienes nos convertimos, tenemos un gran problema: hay muchas chicas por ahí que no tienen papás y, lamentablemente, hay muchas chicas que sí tienen papás pero no son buenos.

Analiza esto: «Si tomas un mapa de los Estados Unidos, trazas una línea en el medio del país y de un lado pones a todos los hijos que van a crecer viviendo con su padre desde que nacen hasta los dieciocho años; y del otro lado los hijos que no tendrán esa experiencia, habrá aproximadamente el mismo número de hijos a cada lado de la línea».[4]

Tal vez nunca conociste a tu papá, murió o se fue de la casa. O quizá vive en la misma casa contigo, pero tú ansías saber que te ama. Y debido a esto, realmente luchas con muchas inseguridades.

Tal vez tú caes del otro lado de la línea y tienes una gran relación con tu papá.

Para bien o para mal, los papás afectan profundamente las vidas de sus hijas…

## Magaly

Magaly tiene dieciséis años. Cuando le pregunté por su papá, ella se rió con una risa ahogada.

—No sé. Realmente no me interesa. Supongo que lo quiero, pero en realidad no pienso mucho en él.

Sus ojos evitaban los míos y yo podía ver su dolor. Cambiaba de un pie para el otro y pateaba la tierra, ella no sabía qué más decir.

Yo ahondé un poco más.

—¿Tus padres todavía viven juntos?

—No.

—¿Cuánto tiempo vivió él contigo?

—Se fue cuando yo era muy pequeña. Todavía recuerdo una vez que fuimos a visitarlo. Yo tenía como siete años o algo así. Me dijo que me había puesto gorda desde la última vez que me vio. —Ella soltó una risa nerviosa.

## Mallory

Mallory tiene quince años. Vive con su padrastro. Dijo que

no podía repetir algunos de los nombres que él usa para llamarla. Son demasiado sucios. Sí me dijo que le dice estúpida, fea y tonta... y comenzó a llorar. Fue entonces cuando le miré los brazos y vi las cicatrices.

—Un día empecé a cortarme —dijo en medio de las lágrimas.

—¿Por qué? —le pregunté.

—Durante toda mi vida mi padrastro me ha gritado siempre que lloro. En mi casa no se llora.

Resulta que cortarse es la manera en que Mallory experimenta el dolor que no se le permite sentir en casa.


Las chicas recuerdan los momentos que sus papás pasaron con ellas: si el papá estaba presente para saludar al chico con quien iban a salir, si les dio un beso de despedida la noche del baile de graduación o si las ayudaba con las tareas... y también recuerdan si no estaba presente.


### FIDEOS HERVIDOS Y LABIAL DE REVLON

Me encanta ir al lago en el verano. Mi familia y yo solíamos pasear en el bote desde el amanecer hasta el anochecer. Papá nos halaba en esquíes y nos arrastraba en una cámara sobre el agua hasta que teníamos los brazos tan blandos como fideos hervidos. Una de mis partes favoritas en los viajes al lago era lograr aquel bronceado tan esperado (y tan necesario). Me encantaba cuando el sol estaba muy alto y no había nubes por ninguna parte. Mi piel blanca, casi transparente, se empapaba de sol como una esponja se llena de agua.

Una mañana yo estaba lista para jugar en el lago, pero el sol no lo estaba. Se escondía tras una gruesa manta de nubes. Yo traté de convencerlo para que saliera, pero me ignoró por completo. ¡Qué

*Redefine* [ be·lle·za ]

descortés! Ya que el sol no me hizo caso, yo me negué a ponerme bloqueador solar. A fin de cuentas, no había sol que bloquear, ¿no es cierto? ¡Ay, qué equivocada estaba!

A la mañana siguiente yo prácticamente me ahogaba en mi propia baba, dormía como un oso en el invierno hasta que... me viré para el otro lado. Normalmente virarse para el otro lado no es gran cosa, ¿verdad? No fue así aquella mañana. ¡Grité tan alto que cualquiera hubiera pensado que me apuñalearon con un tenedor! Tenía la piel tan tostada como un chicharrón y tan roja como un labial de Revlon. Pero, ¿cómo era posible? ¡El sol ni siquiera había salido el día anterior!

Bueno, solo porque no pudiera ver el sol no significaba que este no pudiera verme a mí. Solo porque yo no sintiera cómo los rayos ultravioletas destruían mi piel indefensa no significaba que no me quemaran sin misericordia.

## Consejo de belleza
### Protege tu piel

*Cada vez que mamá nos decía que nos pusiéramos bloqueador solar, yo siempre le decía: «Mamá, no voy a ponerme bloqueador porque estoy preparando la base de mi bronceado para el verano». ¡Qué equivocada estaba! He aprendido a las malas que nunca hay excusa para dejar que la piel se queme. Además de prevenir el cáncer de piel, el bloqueador solar también nos protege de envejecer de manera prematura.*

*Así que sé inteligente. Ponte bloqueador solar no solo cuando juegas en el sol, y también prueba usar a diario un humectante o una base con bloqueador solar.*

Al igual que una quemadura imprevista por los rayos solares en un día nublado, los efectos inesperados de las relaciones con nuestros papás pueden acercársenos sigilosamente cuando pensamos que estamos a salvo. Justo cuando pensamos que no tenemos ninguna cicatriz emocional, justo cuando pensamos que papá no afectó la manera en que somos ahora… ¡pum! Algo sucede. Por ejemplo, Shawn se da cuenta que se enferma del estómago cada vez que está a solas con un hombre porque los tiempos a solas con su papá llevaron al abuso. Laura reconoce que no respeta la autoridad porque su papá le da todo lo que ella quiera. Katy entiende que le teme al matrimonio y a la intimidad porque ve cómo el matrimonio de sus padres se está destruyendo. Lesley no se siente feliz a menos que tenga un novio porque anhela la atención masculina que no recibe en casa. Kylie no cree ser tan bonita, ni tan inteligente porque para su papá ella nunca ha sido lo suficientemente bonita, inteligente ni buena.

*¿Te puedes identificar con alguna de estas chicas?*

---

Espero que tu papá haya influenciado de una manera positiva la manera en que te ves a ti misma y la manera en que ves a otros. Yo tuve la bendición de tener una relación saludable con mi papá mientras crecía. Él era muy bueno en eso de decirme lo orgulloso que estaba de mí. Por ese motivo él me dio uno de mis accesorios indispensables que mencioné antes: la confianza en mí misma. Pero yo la daba por sentado. Nunca me dí cuenta de lo mucho que dependía del ánimo de mi papá hasta que me fui para la universidad. Después de irme de casa me empecé a sentir más insegura con relación a mí misma. En el aula me sentía más intimidada y hacer amigos me producía mucha ansiedad. ¡Me tomó un tiempo comprender que estaba estresada porque ya no vivía con mi mayor admirador! Las chicas del dormitorio no iban a venir a decirme: «¡Jenna, estoy tan orgullosa de ti!», como lo hacía mi papá. Nunca había notado cuánto afectaban mi corazón las palabras de mi papá. Esa verdad se escabulló por la puerta trasera como una inesperada quemadura de sol en un día nublado. Reconocí cuánto mi relación con él realmente definía quién yo era. Impactaba cómo yo me sentía y la manera en me veía a mí misma.

Puede que ahora lo veas o no, pero la relación de una hija con su padre ejercen mucha influencia en

tres aspectos grandes de la vida:

*La manera en que ella se ve a sí misma*

*La manera en que ve a otros*

*La manera en que ve a Dios*

1. **Verte a ti misma**

Muchos médicos e investigadores dicen que tener relaciones interactivas y saludables con sus papás mejoran la manera en que las chicas se ven a sí mismas:

«Los padres involucrados e interesados son importantes para el bienestar sicológico de sus hijos, incluyendo la felicidad, la satisfacción en la vida y menos ansiedad».[5]

«Al amar y ser amadas por sus padres las chicas aprenden que son dignas de ser amadas».[6]

«El amor de un padre define la femineidad de una hija, moldea su carácter, afirma su identidad y la convalida».[7]

2. **Ver a otros**

Los papás también moldean la manera en que las chicas ven a otras personas y se relacionan con ellas. Mira esto:

«Las chicas aprenden de sus padres cómo relacionarse con los hombres. Aprenden de sus padres acerca de la confianza, intimidad y diferencia heterosexuales».[8]

Los papás también modelan cómo es una relación matrimonial, así que si una chica ha visto desmoronarse la relación de sus padres, su ejemplo del matrimonio está manchado. «El divorcio de los padres aumentó en un 114 por ciento la probabilidad de que el primer matrimonio de una hija acabara en divorcio».[9]

«Las adolescentes de hogares rotos eran mucho más propensas a mostrar un mayor nivel de desconfianza en otras personas».[10]

«Las hijas que sienten una cercanía a sus padres son… 75 por ciento menos propensas a tener un embarazo en la adolescencia».[11]

3. **Ver a Dios**

Tal vez esto no sea una sorpresa, pero nuestros padres influyen grandemente en la manera en que vemos a Dios:

«La intención de Dios era que el amor y el cuidado de un padre reflejaran su tierno afecto… Pero cuando la relación con nuestros padres terrenales terminan dejándonos deshechas, ese reflejo de su amor se vuelve retorcido o incluso destrozado».[12]

«Muchas hijas jóvenes moldean en gran parte su visión de Dios de acuerdo a lo que ven en sus padres. Incluso, a medida que maduran y comienzan a ver más los defectos de su padre... entienden cómo este hombre se relaciona con el Creador del universo».[13]

Tener un excelente papá puede ser una gran contribución para crecer con una visión saludable de nosotras mismas, de los demás y de Dios. Pero aunque tengamos el mejor papá del mundo y él nos diera montones de ánimo y galones de amor, todavía lucharíamos con temores e inseguridades. Tal vez midamos nuestro valor por nuestra popularidad o quizá deseemos mucho gustarle a un chico determinado. Aunque papá sea excelente, en ocasiones queremos ser más delgadas, más inteligentes, un poquito más atléticas o… llena este espacio en blanco con lo que quieras. Ya sea que tu papá sea maravilloso, terrible o más o menos, recuerda que ningún papá terrenal es lo suficientemente perfecto como para completar nuestro estilo de manera impecable. Los papás pueden ser una fuente fundamental de nuestro estilo, pero no son lo suficientemente perfectos como para ayudarnos a ser totalmente confiadas, para siempre ayudarnos a tener relaciones saludables o, incluso, para siempre ayudarnos a ver a Dios de la manera correcta. Te lo digo por experiencia.

## MI PAPÁ Y YO

Déjame contarte un poco acerca de mi relación con mi papá.

Mi papá ha ascendido en su carrera, ha amado y servido a miles de personas y ha alcanzado sus metas más altas, pero yo alardeo de él por una cosa y solo una cosa: es un papá fuera de serie. Siempre ha sido un papá fiel, involucrado y amoroso. Yo sé amarme porque él me ama. Lo observé amar a otras personas, así que aprendí a amar a otros. Y lo vi amar a Dios, lo cual me enseñó cómo amar a Dios.

Pero el hecho de haber crecido con un buen papá no significa que yo no haya tenido momentos en los que tuviera que escalar montañas de dudas, experimentar confusión espiritual y conformarme con amistades superficiales.

El amor de mi papá no era lo suficientemente fuerte como para evitar que tuviera que arrodillarme frente al inodoro y tratar de vomitar. Él no pudo impedir que yo pensara que estaba gorda... sobre todo un cierto domingo de resurrección. Pasé la tarde llenándome la barriga con una cacerola de habichuelas verdes, panecillos con mantequilla, macarrones con queso, galletitas... un banquete de calorías. Después de llegar a casa me sentí culpable, estaba enojada conmigo misma. ¿Por qué hice eso? El verano estaba a la vuelta de la esquina. Yo había hecho una dieta estricta para verme bien en mi traje de baño. Pensé que vomitar sería un castigo para mí y aliviaría la culpa que sentía. Pero, ¿cuál era el verdadero problema?

- El verdadero problema era que yo creía en la definición de belleza del mundo: la mentira de que no somos bellas a menos que usemos la talla 0.
- El verdadero problema era que me importaba más mi apariencia que mi corazón y estaba dispuesta a hacerme daño físico, emocional y espiritual solo para ser delgada.
- El verdadero problema era que no me sentía lo suficientemente bien. No me sentía lo suficientemente linda.

Yo sé que mi papá me ama. Él siempre me dice «bella», pero aun así yo acudía a las portadas de las revistas en busca de mi definición de belleza. Todavía anhelaba la aprobación de otras personas.

## Accesorio de la vida
### *Seguridad: confiar, no importa cuáles sean nuestras circunstancias, en que tenemos un Dios que nos ama*

*Yo cometía un grave error al tratar de encontrar toda mi seguridad en el amor de mi papá y en la aprobación de otras personas. No es posible. Jamás. Cuando lo hacía, estaba constantemente insegura e insatisfecha conmigo misma.*

*Comencé a sentirme realmente segura cuando empecé a enfocarme en Dios. Las personas siempre cometen errores, tienen opiniones prejuiciadas o no están presentes para apoyarme todo el tiempo. Pero Dios es el que nunca se irá, el hogar que nunca se destruirá y la familia que no se romperá.*

*La próxima vez que te sientas insegura, haz lo que dice Hebreos 12:2: «[Fija] la mirada en Jesús». Quita los ojos de ti misma y ponlos en Aquel que te ama y te ayuda a saber que eres bella.*

### Por qué es bello
*Las personas seguras por lo general son bastantes calmadas y relajadas, y esto se muestra en sus rostros y en su conducta. No alardean ni denigran a otros. ¿Por qué habrían de hacerlo? Se sienten cómodas con quienes son. Las personas seguras se relacionan bien con los demás porque no tienen segundas intenciones.*

*Capítulo cuatro*

# { Prueba: ¿Cuál es tu estilo y por qué? }

omemos una pequeña prueba acerca de los accesorios de la vida para ver qué parte de tu corazón necesita un poco de cambio de imagen. Nuestra belleza a menudo se ve (¡o no!) en la manera en que nos relacionamos con otros y en la manera en que nos sentimos con nosotras mismas. Averigüemos qué accesorios de la vida estamos usando y cuáles nos faltan, comenzando por los chicos.

## Relaciones con los chicos

1. Estás de compras en el centro comercial. Al salir de la plazoleta de las comidas, ves un chico muy guapo y tú...

   a. Te precipitas al presentarte y antes de terminar de coquetear te aseguras que tenga tu número de teléfono.

   b. De inmediato desvías la mirada y piensas: «Él nunca va a fijarse en una chica como yo».

c. Susurras entre dientes: «Casi seguro que es como todos los chicos bien parecidos, un tremendo imbécil».

d. Oras bajito para que se fije en ti, pero te quedas tranquila, esperando que él dé el primer paso. ¡De ninguna manera te acercarías a él!

Ahora llevemos este examen un poco más allá y analicemos la respuesta. Lee las preguntas siguientes y luego toma un tiempo para pensar en la respuesta que circulaste en esta sección.

**Si respondiste a:**

*¿Realmente no tienes miedo cuando se trata de
acercarte a los chicos? Si es así, ¿por qué?*

_____

_____

_____

_____

_____

_____

_____

*¿Usaste tus tácticas atrevidas? Si es así, ¿cómo resultaron esas relaciones?*

_____

_____

_____

_____

_____

**Si respondiste b:**

*¿Por qué te pones tan nerviosa al hablar con los chicos?*

_____

_____

_____

_____

_____

*¿Alguna vez has tenido una experiencia embarazosa con un muchacho que te hirió? Descríbela.*

_____

_____

_____

_____

_____

_____

**Si respondiste c:**

*¿Tienes una perspectiva cínica en cuanto a los hombres? Explica, y si es así, ¿por qué?*

_____

_____

_____

_____

_____

_____

*Redefine* [ be·lle·za ]

¿Qué hombres te han decepcionado?

_____

_____

_____

_____

_____

_____

**Si respondiste d:**

¿Por qué crees que el chico debe acercarse a la chica?

_____

_____

_____

_____

_____

_____

*¿Qué ejemplos de hombres buenos has tenido en tu vida? ¿Se han convertido en una norma alta para ti? Si es así, ¿cómo?*

_____

_____

_____

_____

_____

_____

## RELACIONES CON AMIGAS

1. Una de tus mejores amigas hizo una fiesta en su casa y no te invitó. Tú decides...

   a. Dirigirte a ella en la cafetería y, frente a todo el mundo, exiges saber por qué no te invitó.

   b. Evitas la situación. Como detestas la confrontación, haces como que todo está bien.

   c. Dejas de hablarle. Las chicas son muy dramáticas. A fin de cuentas, ¿para qué se necesitan las amigas?

d. Buscas un momento en que estén solas las dos y le dices que el hecho de que no te invitara te dolió. Entonces le preguntas qué está pasando que motivara el que ella no quisiera incluirte.

**Si respondiste a:**

*¿Te gusta confrontar a tus amigos cuando te hieren?*
*Si es así, ¿qué maneras de confrontar son útiles o*
*incluso sanadoras en particular? ¿Cuáles no?*

_____

_____

_____

_____

*¿Te gusta pertenecer a cierto grupo en la escuela? ¿Qué te*
*hace querer ser parte de ese grupo en particular?*

_____

_____

_____

_____

_____

**Si respondiste b:**

*¿Es difícil confrontar a los amigos? ¿Por qué o por qué no?*

_____

_____

_____

_____

_____

*¿Cuál es tu rol en tu grupo de amigos? ¿Eres la líder, la que sigue, la que escucha o…? Si es así, ¿por qué?*

_____

_____

_____

_____

_____

Redefine [be·lle·za]

**Si respondiste c:**

*¿Te ha herido un amigo/a antes? Si es así, ¿cómo lo hizo?*

_____

_____

_____

_____

_____

_____

*¿Qué amiga, si es que hay alguna, realmente te ha dado
ánimo, te ha escuchado mucho y ha sido un alma
gemela de confianza? ¿Qué le hizo diferente?*

_____

_____

_____

_____

_____

_____

**Si respondiste d:**

*¿Es más fácil para ti, que para otras personas, hablar de asuntos difíciles con los amigos? ¿Cómo aprendiste a manejar las situaciones de esta manera?*

_____

_____

_____

_____

_____

*¿Qué ejemplos has visto que te hayan ayudado a aprender a relacionarte con tus amigos?*

_____

_____

_____

_____

Redefine [ be·lle·za ]

## Relaciones con las personas responsables y con tu familia

1.  Estás en la clase de geometría y dos chicas están intercambiando notas. Cuando una de ellas te pide que le pases una nota a una amiga, la maestra piensa que tú eres la culpable de estar pasando las notas y te castiga el sábado por la mañana. Tú...

    a. Le contestas a la maestra y le dices que mejor revise lo que pasó antes de castigar a una espectadora inocente.

    b. Se te aguan los ojos. Oras para que todo el mundo deje de mirarte y simplemente aceptas el castigo.

    c. Te ríes y te pasas el resto de la clase con una sonrisa burlona en la cara mientras piensas: Ni siquiera vale la pena explicar porque los maestros no entienden, y siempre me están fastidiando... además, yo no voy a venir el sábado por la mañana.

    d. Te diriges a la maestra después de la clase, le pides conversar con ella, explicas la situación y te disculpas por haber estado en medio del asunto.

2.  Llegas a la casa emocionada porque tu papá te prometió llevarte al centro comercial para escoger el vestido para el baile de inicio de curso. Pero en lugar de estar esperando en la puerta con las llaves, él está parado en la puerta con una escoba. Te pide que le ayudes a limpiar la casa porque esa noche viene una visita a casa. Tú...

    a. Empiezas a llorar y gritas: «¡Pero tú me prometiste un vestido para el baile! ¡Me mentiste! ¿Qué voy a ponerme? ¿El traje de baño?»

    b. Asientes y empiezas a limpiar sin hacer preguntas, pero

piensas: Tal vez ni deba ir al baile. En realidad no sé nada de bailar.

c. Te sonríes y sueltas: «Muchas gracias, papá. ¿Y cuántas promesas vas a romper en esta vida?»

d. Empiezas a barrer, luego respiras profundo y con respeto le recuerdas a tu papá el vestido para el baile. Preguntas si pueden ir de compras cuando la casa esté limpia.

**Si respondiste con a:**

*¿Por qué los maestros te sacan de quicio?*

_____

_____

_____

_____

_____

_____

_____

*Redefine* [be·lle·za]

*¿Tu papá es estricto o permisivo con las reglas? ¿Cómo responses a las órdenes en sentido general?*

_____

_____

_____

_____

_____

_____

**Si respondiste con b:**

*¿Tienes la tendencia de simplemente aceptar las situaciones injustas y asumir la culpa? Si es así, ¿por qué?*

_____

_____

_____

_____

_____

_____

*¿Tu papá te dice qué maravillosa eres o señala*
*más tus defectos que las cosas positivas?*

_____

_____

_____

_____

**Si respondiste con c:**

*¿Es difícil pensar que los maestros estén de tu parte?*
*Si es así, ¿por qué? ¿Cómo son tus relaciones con los*
*maestros y las personas principales en tu escuela?*

_____

_____

_____

_____

_____

*Redefine* [ be·lle·za ]

*¿Te ha decepcionado tu papá alguna vez?*

_____

_____

_____

_____

_____

**Si respondiste con d:**

*¿Por qué es fácil tener buenas relaciones con tus maestros?*

_____

_____

_____

_____

_____

_____

_____

_____

*¿Por qué te da confianza saber que tu papá te ama y no quiere fallarte?*

_____

_____

_____

_____

_____

_____

### Relación contigo misma:

1.  Esta semana fueron las pruebas para el equipo de fútbol, pero no te escogieron. En cambio, te pusieron en el equipo de reserva. Tú...

    a. Tienes un ataque, vas al entrenador y le dices todo lo que piensas y luego te unes a un equipo multidisciplinario. Piensas que el entrenador lamentará no haberte escogido.

    b. Te vas a casa y decides no hacer pruebas para nada más. Al fin y al cabo, no hacerlo te protegerá de volver a hacerte ilusiones en el futuro.

*Redefine* [ be·lle·za ]

c. Dices: «qué más da», y te vas. ¡Ni hablar del equipo de reserva! Ni por nada juego en un equipo tan tonto, con un entrenador tonto que no se interesa en uno, igual que todos los demás.

d. Decides dar lo mejor de ti en el equipo de reserva. Eso te hará una mejor jugadora. ¡Tal vez el próximo año sea tu año!

**Si respondiste a:**

*¿Consigues lo que quieres al precio que sea? Si es así, ¿crees que eso es algo bueno?*

_____

_____

_____

_____

_____

_____

_____

_____

_____

**Si respondiste b:**

*¿Imaginas que te sucederá lo peor? Si es así, ¿por qué? ¿Te permites soñar en grande?*

_____

_____

_____

_____

_____

**Si respondiste c:**

*¿Alguna vez alguien te ha dicho cuán talentosa eres? ¿Tú crees en ti misma?*

_____

_____

_____

_____

_____

_____

Redefine [ be·lle·za ]

## Si respondiste d:

*¿Tiendes a tener más pensamientos positivos que*
*negativos sobre ti misma? ¿Por qué?*

_____

_____

_____

_____

Entonces, ¿por qué te pregunté por qué escogiste esas respuestas? Bueno, quería que realmente escudriñaras tu corazón y pensaras en por qué haces lo que haces. Hablamos antes de cómo los papás influyen en nuestro estilo: la manera en que actuamos y en quiénes nos convertimos. De hecho, apuesto a que sin darte cuenta, tu papá influyó en muchas de las respuestas que diste a tu evaluación sobre los chicos, los amigos y las demás personas, y sobre ti misma. Vamos a profundizar un poco en lo que eso quiere decir.

La Dra. Meg Meeker, médico desde hace más de veinte años, escribió un libro titulado *Padres fuertes, hijas felices*, un libro sobre la influencia que un padre ejerce en sus hijas. Lo escribió por la cantidad de chicas adolescentes que llevan a su consulta y batallan en la vida debido a la ausencia de un padre. Ella dice: «Uno observa si él dice mentiras o si dice la verdad, si se mantiene fiel a tu mamá, si trabaja duro y se pronuncia en contra de la mala conducta tanto en el trabajo como en la casa. El noventa por ciento de la influencia que un padre ejerce sobre los valores morales de su hija provienen de su propia conducta».[1]

## Cásate conmigo en Miami

Me encanta escuchar a mis padres contarme cómo se enamoraron.

Se graduaron del mismo instituto en un pueblo pequeño del oeste de Texas y cada uno se mudó por su lado a Miami, Florida. Papá era pastor y mamá era maestra en la escuela asociada a la iglesia donde él trabajaba. Es gracioso escuchar sus diferentes perspectivas. Si tú le preguntas a papá cuándo él se enamoró, te dirá que fue la primera noche que vio a mi mamá. Pero si le preguntas a mamá cuándo ella se enamoró, hará una pequeña pausa. «Hmmm. Me demoré un poco. Al principio pensé que él era simpático y solo quería ser su amiga. Con el tiempo la amistad se convirtió en amor». Papá nunca se dio por vencido. Como se enamoró de inmediato, estuvo tras mi mamá hasta que ella llegó vestida de novia al altar de la misma iglesia pequeña en Miami donde comenzó su relación.

Desde entonces papá no ha dejado de perseguirla. Escuchar su historia y ver a mi papá amar a mi mamá me enseñó la importancia de que el hombre vaya tras la mujer. Yo no quería ser una chica que llamara al chico antes de que él me llamara a mí. Sabía que quería a un chico que tuviera confianza, y un chico verdaderamente confiado se acercará a la chica antes de que ella se acerque a él. Después de todo, ¿qué es más difícil, que un chico te mire a los ojos y te invite a salir o que tú le mandes un mensaje de texto diciendo: «¿quieres salir?»? Mirar a alguien a los ojos es mucho más difícil que mirar al teclado de un teléfono. Cada una de nosotras merece un hombre que no se vaya por el camino más fácil. Así que yo no fui una chica que iniciara el coqueteo porque mi papá me enseñó cuál era mi función. Yo sé que merezco que me persigan, ¡y tú también!

Pero sin un papá amoroso podrías estar un poco confundida en cuanto a la manera en que interactuamos con los chicos. Heidi tiende a llevar los pantalones en sus relaciones románticas, pero a menudo eso la deja sintiéndose confundida e insegura. Jen no tiene expectativas altas en cuanto a quién la invitará a salir, así que se conforma con chicos que la llevan a ceder a sus valores morales o que la tratan muy mal. Nikki ni quiere hablar con los chicos porque su papá, el hombre principal en su vida, la hirió, así que ella piensa que todos los hombres la van a herir. La baja estima de Camila le hace pensar que ella no merece un buen hombre. Es posible que nunca antes tú pensaras en esto, que el ejemplo de tu papá tenga un impacto muy claro en la manera en que te acercas a los chicos y en la manera en que manejas tus relaciones con ellos.

## CÓMO VES A LOS AMIGOS

### Una nota de Max

*La cordialidad, hospitalidad, es una virtud que produce mucha alegría tanto al que la da como al que la recibe.*

*Cuando extiendes a otros tu hospitalidad, no estás tratando de impresionar a la gente sino de mostrarles a Dios.* [2]

¿Con qué tipo de chicas y chicos sales tú? ¿Te hacen crecer o te destruyen? Jordán, por ejemplo, tiene amigos que son accesorios: no la animan ni la desaniman necesariamente, pero sin dudas Jordán parece popular mientras camina por los pasillos de la escuela con sus amigos, con los brazos entrelazados y los pasos sincronizados. Amanda mantiene los amigos a distancia porque es más fácil y más seguro no apegarse demasiado a ellos. A Kate le gustan los amigos cínicos porque encajan con la depresión en la que ella vive. Por último, Mari tiene amigos que son íntimos y como almas gemelas, gente que la desafía y a quienes ella desafía.

Ahora piensa en cuál es tu papel entre tus amistades. ¿Eres una seguidora o una líder? ¿Eres la simpática, la chismosa, la que da consejos, la reina del drama, la que lucha u otra cosa más?

Los papás afectan la manera en que vemos a nuestras amistades y cómo interactuamos con nuestros amigos. Tengo un recuerdo muy vívido de mi papá enseñándome cómo tratar a los amigos:

## La chismosa

Yo iba a la escuela intermedia en el auto de mi mamá. En la parte de atrás había dos filas de asientos y yo estaba sentada con mi amiga en el medio, mi hermana y su amiga estaban detrás de nosotras. Me incliné y le dije a mi amiga que yo pensaba que la amiga de mi hermana estaba gorda. En ese preciso momento el auto quedó en un completo silencio. Me quedé congelada y se me cayó el alma a los pies. ¿Me habría oído? ¿Debía yo decir algo? Decidí obviarlo. Pero mientras más me esforzaba por obviarlo, más sentía que algo me halaba. Tenía que aliviar mi conciencia.

Más tarde, ese día, le conté a mi papá lo que había dicho. Él me explicó con gentileza que nunca es bueno irse a dormir sin resolver los problemas. Mientras más rápido uno se disculpa o corrige la situación, mejor se sentirá. Me animó a llamarla y así despejar mi conciencia. Lo irónico de la historia es que yo acabé por confesar lo que había dicho, ¡pero ella ni siquiera me había escuchado! ¡Terminé denunciándome! Aun así, fue bueno ser honesta y abierta. Papá me enseñó a ser una buena amiga con los demás, incluso cuando no es fácil.

## Consejo de belleza
### Rutinas para la hora de dormir

*Resolver los problemas que se ciernen sobre nosotros antes de irnos a dormir es una manera excelente de prepararnos para tener un buen descanso durante la noche. A continuación algunas otras buenas rutinas nocturnas que tu cuerpo agradecerá:*

- *Realiza actividades que te calmen durante una hora o más antes de irte a dormir. Dale a tu cuerpo la oportunidad de comenzar a relajarse.*

- *Acuéstate a dormir tan temprano como puedas. Esto puede ser difícil (al menos lo es para mí), pero algunos científicos dicen que una hora de sueño antes de la media noche equivale a dos después de la medianoche.*

- *Déjale tus preocupaciones a Dios. Las cargas inminentes te mantienen despierta y producen sueños irregulares y nosotras las chicas necesitamos nuestro sueño restaurador ¡para estar bellas y frescas!*

## Meredith

El otro día estaba conversando con Meredith, una chica de Ohio que tiene quince años, y le hice algunas preguntas sobre su vida en la casa. Me contó que tiene una familia excelente, pero entonces empezamos a hablar de algunos de sus amigos.

—Yo sé cuándo mis amigos tienen una familia destruida.

—¿Cómo? —le pregunté.

—Bueno, mis amigos que no viven con ambos padres tienden a abandonarme. Me parece que somos íntimos amigos, pero se van por cualquier motivo. Esto me ha pasado mucho.

Es cierto que no sucede con todos aquellos cuyos padres están divorciados, pero es completamente comprensible que si una chica crece viendo a su papá abandonar a su mamá, le sea muy difícil acercarse demasiado a los amigos por temor a que se vayan tal y como él lo hizo.

Tal vez los amigos de Meredith se parezcan a ti. O quizá tu vida sea más como la de Tara. Ella creció con un papá que dirige la familia a la fuerza. Él es un poco intimidante. Para soportar su ira, ella aprendió a ser fuerte. Así que para ella es difícil todo eso de las emociones en las relaciones. Su corazón está a la defensiva y endurecido.

## Cómo percibes a los adultos y a los miembros de la familia

### Autoridad

La manera en que tratas a los adultos y a tu familia dice mucho de tu estilo. Sé que suena aburrido pero déjame decirte algo, mientras más respeto mostramos a las personas que tienen autoridad, más respeto recibiremos a cambio. Sé que la palabra autoridad parece intimidar, pero el otro día aprendí algo de mi buena amiga Ana.

Ana me dijo que su papá ha tenido el mismo trabajo durante más de veintitrés años. A través de ese tiempo ella no recuerda escuchar que su papá hablara de manera negativa de sus jefes. Cada vez que le llega un proyecto grande o una meta imposible, él lo ve como una oportunidad para lograr algo que no creía posible: lo ve como una oportunidad para dar lo mejor de sí.

Joyce Meyer tiene una historia diferente. Ella escribió un libro titulado *Belleza en lugar de ceniza* acerca de su vida con un padre abusador. Debido al padre controlador que tenía, ella tuvo una perspectiva torcida de la autoridad. Veía como enemigos a todas las figuras con autoridad porque su papá era un ejemplo espeluznante de lo que la autoridad puede hacer.[3] Por esta razón ella explica que le resulta difícil someterse a su esposo y cómo le tomó años para llegar al punto de respetar a su padre.

*¿Cómo respondes tú a la autoridad? Cuando los maestros te asignan un proyecto grande y ponen una fecha que parece injusta, ¿cómo reaccionas? ¿Cómo reaccionas cuando tus padres te piden que hagas algo que no tienes deseos de hacer?*

_____

_____

_____

_____

_____

_____

_____

## Cómo ves a tu familia

Los papás, sin duda alguna, pueden controlar el nivel de amor en el hogar.

Yo recuerdo un viaje al que fui con una amiga durante las vacaciones de primavera en la secundaria. Me encantó todo lo concerniente a ese viaje, excepto los momentos en que el papá de mi amiga estaba cerca. Tal vez solo fueran ideas mías, pero cuando él entraba a la habitación, yo me sentía tensa. Se me ponían los nervios de punta porque parecía que su ira estaba a punto de explotar. Él establecía el estado de ánimo en la habitación. Los papás pueden establecer un tono negativo. También pueden establecer un tono alegre y tranquilo...

### Una nota de Max

*Durante los años turbulentos de mi adolescencia mi papá era una parte predecible de mi vida. Las novias iban y venían pero mi papá siempre estaba ahí.*

*La temporada de fútbol se convertía en temporada de béisbol y de nuevo en temporada de fútbol, pero mi papá siempre estaba ahí. Las vacaciones de verano, las citas para el baile de inicio de curso, el álgebra, el primer auto, el baloncesto en la entrada de la casa... todas esas cosas tenían algo en común: su presencia.*

*Y ya que él estaba presente, la vida marchaba tranquila. El auto siempre arrancaba, las cuentas se pagaban y se cortaba la hierba. Ya que él estaba presente la risa era fresca y el futuro seguro. Ya que él estaba presente, crecí como Dios quería que lo*

*Redefine* [ be·lle·za ]

*hiciera, un chico que correteaba por la magia y el misterio del mundo.*

*Él tomaba las decisiones, terminaba las peleas, se reía de la televisión, leía el periódico todas las tardes y los domingos preparaba el desayuno. No hacía nada inusual. Solo hacía lo que se supone que hagan los papás: estar presentes.*

*Me enseñó a afeitarme y a orar. Me ayudó a memorizar versículos para la Escuela Dominical y me enseñó que lo malo debe castigarse y que lo correcto tiene su propia recompensa. Me modeló la importancia de levantarme temprano y de no tener deudas. Su vida expresó el equilibrio escurridizo entre la ambición y el aceptarse a uno mismo.*

*Papá nunca me dijo ni una palabra acerca del sexo ni me contó la historia de su vida, pero yo sabía que si quería saberlo, él me lo diría. Lo único que yo tenía que hacer era preguntar. Y sabía que si alguna vez lo necesitaba, él estaría allí.*[4]

## CÓMO TE VES A TI MISMA:

Cuando yo era pequeña observaba a mi amiga Lisa estar cómoda en la sombra. No hablo de la sombra tranquila de un roble. Lisa estaba a la sombra de la sombra perfecta que su hermana mayor había puesto con su promedio de cuatro puntos, sus habilidades en música, su beca para una universidad prestigiosa, la meta que alcanzó con su doctorado, y, por si fuera poco, su belleza natural. Lisa batallaba en la escuela. Saltaba de una universidad a otra sin saber lo que quería hacer, siempre andaba con personas que no tenían ninguna motivación en la vida. Luchaba con inseguridades en cuanto a su peso y su cabello crespo. Y en lugar de tener un padre que la animara, a ella y a sus cualidades únicas, tuvo un padre que se concentraba en sus defectos.

Recuerdo que un día me senté con Lisa después de otra batalla perdida ante las drogas. Ya había pasado muchas veces por programas para rehabilitarse. Recuerdo que durante nuestra conversación ella dijo que por fin estaba tratando de perdonar a su papá. Hubiera deseado hablar más al respecto, pero ella no estaba lista ni mental ni emocionalmente.

No puedo evitar preguntarme si los años que vivió sin llegar a las normas de su papá y observando a su hermana recibir todas las alabanzas, no causaron que ella edificara una inseguridad sobre otra, lo cual contribuyó al camino destruido con el que lucha cada día.

La manera en que tu papá te ame, o no te ame directamente, impactará cómo te sientes contigo misma. Toma un minuto y piensa si las palabras de tu papá te hirieron o te ayudaron en la manera en que te ves a ti misma.

*Por causa de él, ¿te ves más bella o menos bella?*

_____

_____

_____

_____

_____

_____

*Redefine* [ be·lle·za ]

Ya sea para bien o para mal, observar cómo viven nuestros padres nos enseña cómo vivir, cómo tener relaciones, cómo amarnos a nosotras mismas. Son muchos los accesorios de nuestra vida, como la confianza, el contentamiento y el amar a otros, que provienen de nuestra relación con papá. Pero no hay garantías. No tener un buen papá no significa que todas nuestras relaciones estén condenadas. Como tener un excelente papá tampoco significa que todas nuestras relaciones serán perfectas.

Nuestros papás nos van a decepcionar. Entonces, ¿en qué estaba pensando Dios? ¿Por qué nos diseñó para necesitar el amor de un papá si ese amor no garantiza que curará todas las heridas de la vida? ¿Un gran error?

No.

Un plan perfecto.

Veamos por qué.

*Capítulo cinco*

# { El plan perfecto }

Cuando tu padre terrenal te falla, tu Padre celestial te encuentra. Así es como el plan de Dios resulta ser perfecto, no importa qué tipo de padre tengas.

El amor de un padre no solo incluye el amor de un papá que ronca en el sofá, paga la cuenta del teléfono celular y nos hace pasar vergüenza frente a los chicos de los que estamos enamoradas. El amor de un padre incluye el amor de otro papá más: el Papá perfecto.

Y él es un Papá que nunca cometerá un error. Un Papá que nunca nos dejará, ni nos abandonará. Un Papá que siempre es bondadoso, paciente y amoroso; y que nunca falta a una promesa. Nada, absolutamente *nada* que podamos hacer nos separará jamás de su amor.

Aunque nuestros padres terrenales impactarán la persona que somos, solo el amor de nuestro Papá celestial puede *definir* quiénes somos. Es solo el amor de este Papá el que puede completarnos y llenar cada necesidad de nuestros corazones. Y es solo el amor de este papá el que puede determinar si nos vemos a nosotras mismas, a los demás y a Dios según los estándares de un nuevo tipo de belleza: una belleza que quizá nunca supimos que existía. Dios quiere redefinir el concepto de belleza. Sus huellas son los accesorios que necesitamos, los rasgos esenciales de la moda y los elementos básicos para nuestro estilo.

## Una nota de Max

*Dios no está ciego a tus problemas. De hecho, Dios está dispuesto a darte lo que tu familia no te dio.*

**¿No tuviste un buen padre? Él será tu padre.**

*Así que ya no eres esclavo sino hijo; y como eres hijo, Dios te ha hecho también heredero. —Gálatas 4:7*

**¿No tuviste un buen ejemplo? Prueba a Dios.**

*Por tanto, imiten a Dios, como hijos muy amados. —Efesios 5:1*

**¿Nunca tuviste un padre o madre que te secara las lágrimas? Piensa otra vez. Dios ha visto cada una de ellas.**

*Tú llevas la cuenta de todas mis angustias y has juntado todas mis lágrimas en tu frasco; has registrado cada una de ellas en tu libro. —Salmo 56:8 (NTV)[1]*

¡Dios es el mejor papá del mundo!

Él transforma por completo nuestro estilo. Llegar a conocerlo como nuestro Papá volverá a definir nuestro estilo por dentro y por fuera, y nos hará más y más bellas.

Mira esta otra promesa excelente:

*¡Fíjense qué gran amor nos ha dado el Padre, que se nos llame*
*hijos de Dios! ¡Y lo somos! El mundo no nos conoce, precisamente*
*porque no lo conoció a él.* — 1 Juan 3:1

Para una chica puede ser realmente difícil vencer el hecho de
no tener una buena relación con sus padres, pero si lo dejamos,
afortunadamente nuestro Dios es capaz de mejorar cualquier relación. Mira esta historia sobre un hombre que escogió dejar que
Dios lo definiera, en lugar de que lo hicieran el mundo y su pasado.

## Una nota de Max

*Es posible que los recuerdos de tu niñez te traigan más dolor que*
*inspiración. Las voces de tu pasado te maldijeron, te humilla-*
*ron, te ignoraron.*

*Y tú te descubres tratando de explicar tu pasado. Me en-*
*contré la historia de un hombre que debe haber tenido pensa-*
*mientos así. Su herencia era trágica. Su abuelo era un asesino*
*y un místico que sacrificaba a sus hijos en un abuso ritual. Su*
*papá era un tipo muy malo que saqueaba los centros de ado-*
*ración y se burlaba de los creyentes. A los veinticuatro años lo*
*mataron... sus amigos.*

*Los hombres eran como los típicos de su época. Vivían en*
*un tiempo cuando las prostitutas se vendían en las casas de*

adoración. Los brujos trataban las enfermedades con encantamientos. Las personas adoraban las estrellas y seguían los horóscopos. Se prestaba más atención a la superstición y al vudú que a la educación de los niños.

Era una época oscura para nacer. ¿Qué hace uno si su abuelo cree en la magia negra, su padre es un sinvergüenza y su país está corrompido?

¿Seguir sus pasos? Algunos imaginaban que él lo haría. Casi se puede escuchar el lamento de las personas cuando pasaban por su lado: «Va a ser igual que su papá».

Pero estaban equivocadas. No lo fue. Él cambió el curso. Desafió los pronósticos. Era como un dique en contra de las tendencias de su época y reencauzó el futuro de su nación. Sus logros fueron tan notables que todavía hoy, 2600 años después, contamos su historia.

La historia del rey Josías. El mundo ha visto reyes más sabios, el mundo ha visto reyes más acaudalados, el mundo ha visto reyes más poderosos. Pero la historia nunca ha visto un rey más valiente que el joven Josías.

Él buscó en el álbum familiar hasta encontrar un ancestro digno de imitar. Josías pasó por alto la vida de su papá y la de su abuelo. Retrocedió en el tiempo hasta que encontró al rey David y decidió: «Voy a ser como él».

¿El principio? No podemos escoger a nuestros padres, pero sí podemos escoger a quién seguir.

Y ya que Josías escogió a David (quien había escogido a Dios), las cosas comenzaron a suceder.

El pueblo derrumbó los altares para los dioses baales, como había ordenado Josías.

*Redefine* [ be·lle·za ]

Josías rompió los ídolos y [...] los hizo polvo. Derrumbó los altares de incienso en todo Israel (2 Crónicas 34:4–5, 7).

Dios era su Dios. La fe de David era la fe de Josías. Él había encontrado al Dios de David y lo hizo suyo.

Y toda una generación recibió la gracia, debido a la integridad de un solo hombre.

¿Podría ser que Dios lo puso en la tierra con ese objetivo?

¿Podría ser que Dios te puso en la tierra por esa misma razón?

Tal vez tu pasado no sea algo de lo que uno pueda gloriarse. Tal vez has visto el mal cara a cara. Y ahora tú, como Josías, tienes que tomar una decisión. ¿Te alzas sobre el pasado y marcas una diferencia? ¿O sigues controlada por el pasado y das excusas?

Para que encuentres un ancestro al que valga la pena imitar, tú, al igual que Josías, tienes que buscar en el pasado de tu álbum familiar.

Si ese es el caso, permíteme mostrarte dónde buscar. Deja el álbum y agarra tu Biblia. Ve al Evangelio de Juan y lee las palabras de Jesús: «Lo que nace del cuerpo es cuerpo; lo que nace del Espíritu es espíritu» (Juan 3:6).

Piénsalo. ¡La vida espiritual proviene del Espíritu! Tus padres pueden haberte dado tus genes, pero Dios te da gracia. Tus padres pudieran ser responsables de tu cuerpo, pero Dios se ha hecho cargo de tu alma. Quizá tu físico provenga de tu mamá, pero la eternidad viene de tu Padre, de tu Padre celestial.

A propósito, Dios no está ciego a tus problemas. De hecho, Dios está dispuesto a darte lo que tu familia no te dio.

*Tú tienes voz y voto en tu vida. Tienes una opción en el camino que tomes.*

*Escoge bien y algún día, dentro de varias generaciones, tus nietos y bisnietos le agradecerán a Dios el ejemplo que tú diste.[2]*

Josías escogió vivir una vida que gritaba: «¡Yo soy un hijo de Dios!» Ahora te toca a ti gritar quién eres, una hermosa hija de Dios (¡solo que no grites tan alto que asustes a la gente a tu alrededor!). ¡Eso es! ¡Eso es todo lo que importa! ¡Eso es lo que Dios ve cuando nos mira a ti y a mí! Así que no debemos permitir que nadie defina quiénes somos, o si somos bellas o no. El único digno de decirnos quiénes somos es nuestro perfecto Papá.

## Accesorio para la vida
### *Identidad —saber quiénes somos y a quién pertenecemos*

*Existe una paz maravillosa que se obtiene al saber quién eres y a quién perteneces. Habrán muchas personas en tu vida que tratarán de determinar para qué eres buena, en qué eres mala, cómo acabarás y cómo has acabado.*

*«Siempre te quedarás en el primer año», o «Nunca llegarás a la facultad de medicina», o «¡Ja! ¡Eres igualita a tu mamá! Te vas a ir con el primero que aparezca».*

*Solo recuerda que Dios es la primera y principal autoridad* en tu vida, quien puede decirte exactamente quién eres y adónde vas.

¿Quién dice él que tú eres? ¡Suya!

¿Adónde dice que vas? Adondequiera que él te envíe. Muchacha, ¡él tiene planes GRANDES para ti! (Dale un vistazo a Jeremías 29:11.)

Dios sabe exactamente lo que cada una de nosotras necesita para ser la persona que él diseñó, y él quiere proporcionar cada cosa esencial para ese estilo. Solo él puede darnos lo que se necesita para ser verdaderamente bellas. Dale un vistazo a estos versículos y observa que Dios no solo te hizo sino que se tomó el tiempo para diseñar tu estilo único y bello.

A pesar de todo, Señor, tú eres nuestro Padre;
nosotros somos el barro, y tú el alfarero.
Todos somos obra de tu mano. —Isaías 64:8

Tú creaste mis entrañas;
me formaste en el vientre de mi madre.
—Salmo 139:13

Ningún papá es perfecto, pero Dios da el ejemplo perfecto de cómo debemos ver nuestras relaciones y vernos a nosotras mismas. Así que vamos a traer a tu Papá perfecto al cuadro de las relaciones. Porque para que Dios haga que nuestras relaciones con los chicos, los amigos y nosotras mismas sean más bellas, tenemos que asegurarnos de hablar de la relación más importante: tú y Dios.

*Capítulo seis*

# { Un placer conocerte }

*T*engo cuatro amigas muy buenas, y cada una de ella es bella a su manera. Déjame decirte, yo nunca hubiera pensado que esas cuatro chicas serían mis amigas más íntimas. Cuando conocí a Callie, con sus pantalones a media pierna de un rosado intenso y una blusa que hacía juego con rayas rosadas y naranjas muy brillantes, pensé que me quedaría ciega. Tía y Whitney prácticamente no se le despegaban. Ellas solían mantener despierto a todo el dormitorio hasta las 3:00 a.m., haciendo calistenia tarde en la noche y jugando videojuegos. Todavía tienen cayos permanentes en los pulgares por jugar demasiado Super Mario Brothers. Lizbeth era tan dulce e inocente que pensé que yo la alejaría con mi voz tan fuerte. Su habitación siempre estaba limpia y siempre olía a ropa recién lavada. Ya que mi idea de lavar era rociar la ropa con Febreeze, mi habitación era tan fresca y limpia como el hongo debajo de las uñas de los pies de mi abuelo. Nunca imaginé que nuestros corazones se relacionarían como lo han hecho.

Lo primero que hice con estas cuatro chicas maravillosas es lo que todos hacemos cuando conocemos a las personas: antes de conocerlas, las catalogué de cierta manera. ¡Siempre soy culpable de hacer esto!

*Ella parece medio esnob. Él es un tremendo idiota. Ella parece una cosa rara.* Automáticamente me imagino qué tipo de persona deben ser él o ella, solo por sus apariencias.

A medida que llegué a saber cómo son mis amigas, descubrí que Callie me inspira al ir tras sus sueños; Tía me maravilla con su honestidad y capacidad para relacionarse enseguida con las personas; Whitney me enseña con consejos y sabiduría de Dios y Lizbeth me comprende y siempre se identifica con mi problema de turno.

Nuestra impresión inicial de una persona a veces puede construir o destruir una relación. Basada en mi primera impresión de estas cuatro chicas, yo nunca hubiera esperado que nos convirtiéramos en amigas para toda la vida. Si yo no hubiera superado lo que pensaba que ellas eran, si no les hubiera permitido mostrarme quiénes son realmente, me hubiera perdido algunas de las mejores relaciones que tengo en mi vida.

*Piensa en la primera vez que conociste a tu mejor amiga. ¿Cuál fue la impresión inicial que tuviste? ¿Cuál es la diferencia ahora que realmente la conoces?*

_____

_____

_____

_____

_____

*Redefine* [ be·lle·za ]

## Las impresiones de Dios

*De la misma manera que a veces juzgamos a las personas de acuerdo a nuestras primeras impresiones, a menudo hacemos lo mismo con Dios. ¿Cuál fue tu impresión inicial de Dios? Cuando alguien dice: «Dios», ¿qué características te vienen enseguida a la mente? Anota algunas palabras que describan a Dios:*

_____

_____

_____

_____

_____

_____

_____

Algunas personas pudieran escribir *espeluznante*, porque se imaginan a un Dios que lanza bolas de fuego y castiga a cualquiera que no use el hilo dental antes de irse a dormir, o peor, que tenga dudas, pecados y luchas. Es posible que otros imaginen a un tipo viejo con una barba. Se sonríe mucho mientras está sentado en un sofá de nubes, pero eso es todo. No está muy activo y realmente no le interesa involucrarse en la vida de un ser humano. En ocasiones yo creo en un Dios «de la lámpara maravillosa» que debiera darme cualquier cosa que yo quiera. La manera en que imaginemos a Dios se pudiera basar en lo que otras personas han dicho o lo que hemos imaginado que él debe ser. El verdadero asunto es, ¿alguna vez le conociste realmente?

Si realmente nunca has conocido al único y verdadero Dios, me encantaría que lo conocieras por primera vez. Quizá algunas de ustedes conozcan a Dios desde hace un tiempo. Si es así, ¡maravilloso! Otras quizá no supieran que de verdad uno puede conocer a Dios. ¡Y no hay problema con eso! Dondequiera que

## Una nota de Max

*Cuando mi hija Jenna tenía seis años me la encontré parada frente a un espejo muy grande. Ella se miraba la garganta. Le pregunté qué estaba haciendo y me contestó: «Estoy mirando para ver si Dios está en mi corazón».*

*Me reí entre dientes y luego la escuché preguntar otra vez: «¿Estás ahí?» Cuando no hubo respuesta, se impacientó y habló a nombre de él. Con una voz tan profunda como es posible para una niña de seis años ella dijo: «Sí».*

*Ella estaba haciendo la pregunta correcta: «¿Estás ahí?» ¿Será posible que lo que dicen es verdad? ¿No fue suficiente que te aparecieras en un arbusto o que habitaras en el templo? ¿No fue suficiente que te convirtieras en carne humana y caminaras sobre la tierra? ¿No fue suficiente que nos dejaras tu palabra y la promesa de que regresarías? ¿Tenías que ir más allá? ¿Tenías que morar en nosotros?*

*Redefine* [be·lle·za]

> «*Acaso no saben*», escribió Pablo, «*que su cuerpo es templo del Espíritu Santo*» (*1 Corintios 6:19*).
>
> *Tal vez tú no lo supieras. Tal vez no supieras que Dios fue muy lejos para asegurarse de que tú llegues a casa. Si no, gracias por dejarme recordártelo.*[1]

estés, quienquiera que seas, hazme un favor: abre tu corazón para escuchar a Dios decirte quién es realmente.

### EL INTRUSO VENTILADOR DE TECHO

Yo siempre tengo que ir al baño en medio de la noche. ¡Me molesta tanto! Me frustra tanto sentir que mi vejiga se retuerce por el dolor y me despierta de un sueño profundo. Parte del motivo por lo cual lo detesto es porque soy un poco miedosa por las noches. Las sombras en la pared y los ruidos rechinantes todavía me ponen un poco nerviosa. A veces tengo que encender la lámpara solo para demostrarme que no hay ningún monstruo espeluznante en mi habitación.

Un día estaba a punto de entrar a mi casa, sabiendo que no había nadie. Pero antes de girar la manilla de la puerta vi una sombra que se movía allá dentro. Pensé que había un intruso en la casa. Corrí a la casa de la vecina y le pedí que entrara conmigo, pero tan pronto nos acercamos a mi puerta me di cuenta que el ventilador de techo hacía sombra en la pared. Así que, ahí estaba yo, parada con una vecina a la que nunca antes había conocido, pidiéndole que me ayudara a luchar contra un ventilador de techo. Un poco embarazoso, ¿verdad?

*¿Qué es lo más embarazoso que te ha asustado pero que, al final, en realidad no era espeluznante para nada?*

_____

_____

_____

_____

_____

_____

_____

_____

Es tan fácil vivir nuestras vidas pensando que vemos a Dios como es realmente. Pensamos que ya lo entendemos. Pensamos que sabemos cuál es su apariencia, el tipo de Dios que es… cuando en realidad no hemos dejado que él encienda el interruptor de la luz. Basamos nuestro conocimiento de él en una sombra distorsionada y no en quien él dice ser.

A veces me da demasiado miedo abrirle mi corazón. Me da mucho miedo ver a Dios como realmente es porque entonces mi vida, mis creencias y todo lo que yo creo que sé, podría cambiar. Prefiero esconderme detrás de un Dios que yo creé en mi cabeza para así poder vivir mi vida como yo quiera. Con demasiada frecuencia me conformo con la impresión errónea de cómo yo creo que Dios es, en lugar de dejarle que me muestre la verdad sorprendente sobre sí mismo.

Lo bueno es que cuando sí empezamos a verlo como es realmente, pueden suceder cosas asombrosas...

## Consejo de belleza
### Ver claramente

Realmente no nos tomamos el tiempo para pensar en cuán importantes son nuestros ojos, pero esa es una zona que debemos mantener bajo control.

- Come alimentos ricos en Vitamina A para tener buena salud ocular: boniatos, zanahorias, calabazas y melones amarillos son opciones excelentes.

- Ponte en los ojos rodajas frescas de pepino para las ojeras y la hinchazón. Añade una mascarilla verde para consentirte un poco (¡o solo para asustar a tu hermanito!).

- Mantén limpio y fresco tu maquillaje de los ojos para evitar las infecciones. Busca en el Internet consejos para los colores y métodos para mejorar la belleza de tu forma y color de ojos.

Renuncia a la batalla con tu mamá porque «no soy demasiado joven para los lentes de contacto». ¿Has visto todos los estilos súper novedosos de anteojos que hay ahora? Escoge una armadura linda y moderna, ¡y exhíbelos!

# iPhone

Mi mamá acaba de comprarse un iPhone. Tal vez tú piensas: *Vaya, qué bueno es que tu mamá sea tan moderna en la tecnología*. Vuelve a pensar.

Ahora el iPhone puede hacerlo casi todo. Almacena música, películas, fotos y juegos. Tiene aplicaciones para jugar juegos, revisar tu nivel de preparación física, encontrar la cafetería más cercana, hacer ejercicios, tender la cama y limar las uñas, ¡todo eso y además es un teléfono! (Está bien, tal vez exageré un poco con las dos o tres últimas funciones del iPhone, pero un día sucederá.) Con todas esas aplicaciones que mi mamá tiene a la mano, y solo usa su iPhone para llamar y para enviar mensajes de texto… y mandar mensajes de texto fue una gran paso para ella. Bueno, también está mejorando en revisar su correo electrónico, tengo que reconocerlo.

Cada vez que le muestro un nuevo truco que su teléfono puede hacer, ella se queda boquiabierta y dice: «¡Yo no sabía que mi teléfono podía hacer eso!»

Cuando permitimos que Dios nos muestre todo lo que él puede hacer, cuando dejamos de suponer que sabemos todo de él y le dejamos enseñarnos quién es realmente, decimos boquiabiertas: «¡Yo no sabía que mi Dios podía hacer todo eso!»

¡Mi amiga, es hora de encender la luz! Es hora de mirar más allá de la sombra pálida del Dios que tú conoces. Es hora de dejar que Dios nos enseñe, a ti y a mí, cómo él quiere que lo veamos.

Entonces, ¿cómo quiere Dios que lo veamos?

Primero, Dios quiere que lo veamos como nuestro papá.

## Una nota de Max

*Fue su canto lo que lo logró. Al principio yo no me di cuenta. No tenía motivos para hacerlo. Las circunstancias eran corrientes. Un papá que recogía a su hija de seis años de una reunión de niñas exploradoras. A Sara le encantan las exploradoras, le gustan los premios que gana y el uniforme que usa. Se subió al auto y me mostró su nueva insignia y su galleta recién horneada. Yo salí a la calle, puse su música favorita y enfoqué mi atención en asuntos más sofisticados como los horarios y las obligaciones.*

*Pero apenas dí unos pasos en el laberinto de los pensamientos, cuando volví a salir. Sara estaba cantando. Cantando sobre Dios. Cantándole a Dios. Con la cabeza recostada, el mentón levantado y a todo pulmón, ella llenaba el auto con música. Las arpas del cielo se detuvieron para escuchar.*

*¿Es mi hija la que canta? Suena mayor. Parece mayor, más alta, hasta más bonita. ¿Será que me quedé dormido? ¿Qué pasó con las mejillas gorditas? ¿Qué pasó con la carita pequeña y los deditos regordetes? Se está convirtiendo en una jovencita. El cabello rubio le llega a los hombros. Los pies cuelgan sobre el asiento. El tiempo pasó en algún momento durante la noche, y bueno… ¡mírenla!*

*La canción terminó y Sara también, y yo saqué la cinta y puse mi mano sobre su hombro y le dije: «Sara, tú eres algo especial». Ella se volvió y sonrió con tolerancia. «Algún día un chico con pelos en las piernas te va a robar el corazón y te arrastrará al próximo siglo. Pero ahora mismo, tú eres mía».*

*Ella inclinó la cabeza, miró a lo lejos un instante, y luego*

> *me miró y preguntó: «Papi, ¿por qué estás actuando tan raro?»*
>
> *Supongo que aquellas palabras le sonaron rara a una chica de seis años. El amor de un padre entra de manera chocante por los oídos de un hijo. Mi explosión de emoción estaba fuera de su alcance. Pero eso no me impidió hablar.*
>
> *No hay manera de que nuestras pequeñas mentes puedan comprender el amor de Dios, pero eso no le impidió a él venir.*
>
> *Y nosotros también hemos inclinado nuestras cabezas. Como Sara, nos hemos preguntado qué estaba haciendo nuestro Padre. Desde la cuna en Belén, hasta la cruz en Jerusalén, hemos meditado en el amor de nuestro Padre. ¿Qué puedes decir a ese tipo de emoción? Luego de saber que Dios prefirió morir que vivir sin ti, ¿cómo reaccionas? ¿Cómo puedes comenzar a explicar una pasión semejante?²*

No podemos entender que el Dios del universo cante por nosotros, se deleite en nosotros y que diga, mientras les da un codazo a los ángeles: «¡Esa es mi hija! ¿No es bella?» ¡Pero así es el Padre que nosotras tenemos!

Quiero contarte dos historias para mostrarte el tipo de padre que es Dios. Quizá las hayas escuchado antes, pero me gustaría contártelas con mis propias palabras. Prometo ayudarte a aplicar las historias a tu propia vida. Una vez que lo hagas, nunca serás la misma.

## Historia #1: Isma tiene problemas
### (Génesis 16:1-16; 21:1-20)

Había un chico que se llamaba Ismael. Pero vamos a decirle Isma para abreviar.

Bueno, Isma tenía problemas, ¡y quién no los tendría al nacer en el desastre emocional que él nació! Su papá, Abram, o Abraham, como se llamó después, estaba casado con Saray cuando tuvo un bebé con la mamá de Isma, Agar. Imagínate la tensión que provocó el nacimiento de Isma entre Agar y Saray. Y para empeorar las cosas, todos vivían juntos, una gran familia disfuncional.

*En el caso de algunos de nosotros sería fácil resentirnos con Dios porque nacimos en medio de un desastre. Es posible que nunca conocieras a tu padre. Quizá, y es comprensible, te resultara difícil ver a tu papá con otra mujer como esposa, una mujer que no es tu mamá. Isma supo qué se siente. De hecho, su situación empeoró.*

Cuando Isma tenía catorce años, Saray, la esposa de Abram, a quien después se le llamaría Sara, tuvo un hijo. Durante catorce años Isma recibió toda la atención que necesitaba de parte de su papá, y ahora llegaba este niño, este bebé milagroso celebrado por todos y que la esposa de Abram nunca pensó que lo podría tener.

*¿Qué hermanastras, hermanastros o medios hermanos han interrumpido tu vida? Tal vez hayan días en los que te sientas como la hija olvidada, en segundo lugar, que tiene que competir por la atención de su papá. O quizá tu mamá y tu papá estén juntos y, sin embargo, tienes que luchar por la atención de él.*

Justo cuando Isma pensó que la vida no podía empeorar, Saray decidió que Isma y su mamá tenían que irse de la casa. A fin de cuentas, Saray y Abram por fin tuvieron el hijo que siempre anhelaron tener. ¡Así que Saray botó a Agar y a Isma! Isma anheló ver a su papá pelear por él. Mientras se alejaba con sus maletas, Isma añoró que su papá corriera tras él, que lo abrazara y le dijera:

«¡No te vayas! ¡No voy a permitir que te vayas! ¡Ven a vivir conmigo!» Pero eso no sucedió. Su papá se quedó allí parado mientras los veía alejarse. Isma seguía mirando por encima del hombro, dándole un último vistazo al papá que tal vez nunca más volvería a ver. Trató de ser fuerte, pero cuando el rostro de su papá estuvo demasiado lejos como para poderlo distinguir, las lágrimas rodaron por sus mejillas.

*Hoy muchos hijos tienen una maleta para la casa de mamá y otra para la casa de papá. Alternan cada semana para vivir con uno de los dos padres. Detestan dejar a uno, pero les encanta ver al otro. En algunas de estas situaciones papá tiene una esposa diferente y un nuevo bebé. Pareciera como que hubiera escogido una familia diferente. ¿Te suena conocido? Es posible que tú hayas tratado de ser fuerte y de convencerte de que eso no te va a doler, pero en realidad desgarra tu corazón. Tú no eres la única.*

Agar e Isma vagaron por el desierto hasta que la comida y el agua se les agotaron. No tenían adónde ir ni nadie que los recibiera. Es posible que Isma estuviera enojado con su papá, pero lo amaba. Detestaba a su papá, pero lo extrañaba. Quería que su papá lo protegiera, que lo abrazara y que le dijera que todo iba a estar bien.

*Todos anhelamos tener a alguien que nos abrace, que nos dé esperanza y que nos proteja, pero a muchos nos parece que no tenemos a nadie. En esas ocasiones podemos empezar a rendirnos ante la vida e incluso renunciar a nosotras mismas. También puede que nos sintamos perdidas, que luchemos con quién somos y adónde vamos.*

Cuando Isma y su mamá estaban a punto de darse por vencidos, Dios intervino. Dios oyó el llanto de Isma, y el ángel de Dios le preguntó a Agar: «¿Qué te pasa, Agar? No temas, pues Dios ha escuchado los sollozos del niño. Levántate y tómalo de la mano, que yo haré de él una gran nación» (Génesis 21:17-18). Entonces Dios les dio agua para beber y cuidó de ellos.

Pero eso no es todo. La Biblia dice que Dios estuvo con Isma mientras él crecía. Dios no dejó que Isma creciera sin padre. Él era el padre perfecto de Isma. Él proveía para Isma, lo protegía y le dio un sueño y un propósito para vivir. Al final, la Biblia dice que Isma comenzó su propia familia y que sus descendientes fueron muchos.

*Esta historia muestra cómo Dios es como un padre. ¿Qué cualidades de papá tuvo Dios en la historia?*

_____

_____

_____

_____

_____

_____

_____

_____

_____

_____

Haz un círculo alrededor de las frases que describen el tipo de Papá perfecto que tú y yo tenemos en Dios:

*Con amor eterno te he amado; por eso te sigo con fidelidad.*
*—Jeremías 31:3*

*Porque en el día de la aflicción él me resguardará en su morada; al amparo de su tabernáculo me protegerá, y me pondrá en alto, sobre una roca. —Salmo 27:5*

*Aunque mi padre y mi madre me abandonen, el Señor me recibirá en sus brazos. —Salmos 27:10*

*Cumple los deseos de quienes le temen; atiende a su clamor y los salva. —Salmos 145:19*

## Una nota de Max

*Si Dios tan solo limpiara tu nombre, sería suficiente, pero él hace más. Él te da su nombre. Si Dios solo te liberara, sería suficiente, pero él hace más. Te lleva a casa. Te lleva a casa, a la Gran Casa de Dios.*

*Los padres adoptivos comprenden esto más que ninguna otra persona. Nosotros, los padres biológicos, conocemos bien el anhelo fervoroso de tener un hijo, pero en muchos casos nuestras cunas se llenan con facilidad. Decidimos tener un hijo y*

*Redefine* [ be·lle·za ]

*viene un hijo. De hecho, a veces el hijo vino sin ninguna deci-*
*sión. He escuchado de embarazos no planeados, pero nunca he*
*oído hablar de una adopción no planeada.*

*Es por eso que los padres adoptivos comprenden la pasión*
*de Dios por adoptarnos. Ellos saben lo que significa sentir un*
*vacío por dentro. Saben lo que significa cazar, lanzarse a una*
*misión y asumir la responsabilidad de un hijo con un pasado*
*manchado y un futuro dudoso. Si alguien comprende el ardor*
*de Dios por sus hijos, es alguien que ha rescatado a un huérfa-*
*no de la desesperación, porque eso es lo que Dios ha hecho por*
*nosotros.*

*Dios te ha adoptado. Dios te buscó, te encontró, firmó los*
*papeles y te llevó a casa.*[3]

Dios nos pide, a través de toda la Biblia, que lo conozcamos como nuestro Papá. Llegar a conocer a Dios como mi papá lo cambió todo para mí. Ha hecho mi vida mucho más bella. Y lo mismo puede suceder contigo.

## HISTORIA #2:
### LA HISTORIA SIN TÍTULO

(Esta historia es tan buena que darle un título sería injusto de mi parte. Revisa los libros de Mateo, Marcos, Lucas o Juan para ver la historia completa de Jesús. ¡Algo sorprendente!)

La idea le dolía. Desde el principio de los tiempos él supo que este sería un día oscuro, pero también sabía que la luz estaba al doblar de la esquina.

Habían pasado treinta y tres años en la tierra desde que Dios envió a su hijo Jesús a morar entre su creación. Ahora había llegado el día que todo el cielo temía y el día en que el infierno se regocijaría: Jesús moriría. Dios no intervino, aunque tenía todo el poder del mundo para salvar a su Hijo.

*Aunque es probable que tú no sepas qué cosa es ser padre o madre, quizá hayas perdido a un ser querido. Si no, trata de imaginar cómo sería perder a alguien de tu familia. ¿Qué si supieras de antemano que una persona que tú amaste va a morir? ¿Querrías salvar y proteger a esa persona?*

Para Jesús la distancia entre el cielo y la tierra era mucho más grande que cualquier mudada que pudiera hacer jamás una familia del siglo veintiuno. Y cuando digo «distante» no quiero decir en el sentido de las millas; me refiero a distante en términos de... bueno... de todo. Sé que pensamos que es difícil tratar de hablar un idioma nuevo o comer una comida inusual. Pero Jesús pasó de la realeza a ser un plebeyo; de tener manos que sostenían las estrellas, a manos que martillaban la madera; de tener una voz que dio lugar a la creación, a una voz que se rajaba durante la pubertad. Dios se hizo hombre.

Durante esos treinta y tres años en la tierra fue que Jesús anunció que él era el Hijo de Dios y que, mediante él, las personas podrían tener vida eterna.

*Imagínate ser una de las personas que escuchó las declaraciones de Jesús. ¿Hubieras creído en él o pensado que él estaba loco? De yo haber estado allí y alguien me preguntara cuál fue mi impresión inicial acerca de Jesús, es probable que hubiera dicho que era un loco. Pero al mismo tiempo, no hay dudas de que él tenía un estilo que provocaba mi curiosidad. ¿Alguna vez has conocido a alguien amable, con ojos gentiles y un brillo inexplicable que te atrae? Yo*

*Redefine* [ be·lle·za ]

diría que si conocieras a Jesús en la tierra, él sería como una de esas personas.

Jesús hizo un milagro tras otro. Alimentó a los pobres, se reunió con los fracasados a quienes nadie más quería, pero los milagros y la bondad no fueron su único propósito para dejar el cielo y mudarse a nuestro vecindario. Él tenía un propósito central: morir.

*Yo sé que es terrible estar castigado en la escuela un sábado por la mañana, sabiendo que nos aguardan tres horas de limpieza del edificio. Sé que molesta ir para la casa con una tarjeta que muestra malas calificaciones y saber que mamá nos va a preguntar. Y sé que es insoportable pasarse la mitad del verano en la casa de la abuela viendo retransmisiones de un programa de televisión. Pero, ¿ir a algún lugar sabiendo que allí vas a morir? Eso es algo completamente diferente.*

La parte asombrosa acerca de la vida de Jesús en la tierra fue que él escogió venir. ¡No tenía que hacerlo!

*Estoy segura de que si yo estuviera viviendo la dulce vida en el cielo, a la derecha de Dios, de ninguna manera me ofrecería como voluntaria para vivir treinta y tres años en la tierra, donde experimentaría enfermedad, crueldad, hambre, malentendidos, rechazo, traición y soledad… pero Jesús vino no solo para pasar por todo eso, sino también (y él lo sabía) para morir y experimentar una completa separación de su Padre.*

Jesús no tenía que morir en una cruz. Él podría haber sufrido una muerte rápida y sin dolor, algo menos penoso que seis horas colgando de un palo astilloso. Pero murió una de las muertes más crueles para que incluso el más cruel de nuestros pecados se pudiera perdonar.

*Piensa en todas las maneras diferentes en que podemos sacrificar algo por alguien. Podemos renunciar a nuestro fin de semana y trabajar como voluntaria en un banco de comida. Podemos perdernos nuestro* programa favorito de televisión para ayudar a nuestra hermana con su tarea. Podemos dar nuestra mesada a una persona que vive en las calles. No son cosas necesariamente fáciles, lo sé. Pero nada que nosotros hagamos, nada que nadie haya hecho jamás, puede compararse con el sacrificio que Dios hizo.

¿Por qué Jesús tenía que morir? Bueno, este es el dilema: Dios es perfecto. Y nosotros... bueno... es obvio que no. Ya que Dios es justo y bueno, lo correcto que debiera hacerse con todos nuestros líos sería castigarnos para siempre y no dejarnos vivir con él en el cielo. Pero ya que Dios nos ama demasiado como para vernos morir a consecuencia de nuestro pecado, él hizo que su hijo tomara nuestro lugar como un sacrificio perfecto para que todos nuestros pecados se pudieran perdonar.

La Biblia dice que Jesús, quien no conoció pecado (es decir, que era perfecto), se hizo pecado (se hizo cargo de todos nuestros errores) para que mediante Jesús, Dios nos vea limpios y buenos (2 Corintios 5:21).

Y justo cuando los demonios del infierno pensaban que tenían la victoria porque el Hijo de Dios estaba muerto, justo cuando los ángeles estaban cabizbajos de angustia, la tierra comenzó a temblar. Los guardias que protegían la tumba de Jesús empezaron a temblar de miedo. La piedra que bloqueaba la entrada a la tumba empezó a rodarse.

¡Jesús había resucitado de los muertos! Jesús conquistó la muerte y conquistó el pecado por nosotros. Dios, gracias a Jesús, nos ha dado el regalo de unirnos a su familia y vivir con él para siempre.

Me encantan los finales felices, me encanta ver las películas de Disney por esa razón. Pero nunca he visto ni leído una historia que tenga un final tan bueno como esta. En esta historia tú y yo recibimos el mejor final de todos: ¡somos hijas adoptivas de Dios!

Piensa en eso por un instante. ¡Tú y yo somos hijas del mismo Dios que creó las estrellas, el mismo Dios que inventó el concepto de respirar, el mismo Dios que formó a los peces en el mar y a las aves en el aire! ¡Ese es nuestro Papá!

## Capítulo siete

# { Mi adicción a Facebook }

*Y*o tengo una adicción. No son los cigarros. No es el alcohol. Y aunque lo creas o no, no es comprar. Yo soy adicta a Facebook.

Si nunca has oído hablar de Facebook, déjame contarte. Es un sistema de redes sociales en línea donde las personas se mantienen en contacto con los amigos. Las personas tienen su perfil, ponen fotos, tienen un tablero de comunicaciones y publican sus pequeñas biografías.

Me puedo quedar despierta durante horas perdidas en las vidas de mis amigos en Facebook. Me pierdo en las fotos de las vacaciones de mi amiga en Hawai. Me parece estar con ella en la playa, tomando agua de coco y riéndome mientras la marea sube lo suficiente como para sorprender a los dedos de mis pies con un fresco y salado «hola». Me pierdo en las fotos del cumpleaños de otra amiga al que no pude ir. Escucho a los invitados cantar «feliz cumpleaños» y huelo el humo después que ella sopla las llamas de las velas que danzan encima del pastel.

¿Ves? ¡Tengo un problema! Incluso ahora, que no estoy en

Facebook, me descubro en la red social de Facebook de tan solo pensarlo.

Bueno, todo mi tiempo en Facebook me puso a pensar en las relaciones y en todas las opciones personales del perfil de Facebook. Opciones como escoger el «status de la relación» que le da a uno la opción de definir la vida amorosa como: «soltera», «en una relación», «es complicado» y «en una relación abierta».

Ahora que estamos comenzando a ver a Dios como nuestro papá, veamos cómo nos cambia el status de nuestra relación Padre/hija.

Una vez que ajustamos la manera en que vemos a Dios, y lo vemos como nuestro Papá, recibimos una transformación gratis para nuestra vida. Nuestro estilo comienza a cambiar. Empezamos a realmente vernos como sus hijas. Cuando tenemos un papá que nos llama bellas, empezamos a vernos bellas también, pero no de la manera en que el mundo define la *belleza*. Lo que Dios nos ayuda a reconocer es una belleza interna que va adornada de seguridad, valor, amor, dominio propio, paz, gozo y contentamiento.

¡Por fin vemos lo que Dios ve cuando nos mira!

Y no termina allí. También comenzamos a ver a los demás tal y como Dios los ve. Si una amiga nos ha dado la espalda, la amargura hacia esa amiga se convierte en perdón. Si siempre anhelamos la atención de los chicos, esos anhelos dañinos poco a poco se evaporan gracias a la atención que Dios nos da. Así es como Dios comienza a redefinirnos de qué tratan las relaciones.

Pero el asunto es este: no podemos esperar que todo se arregle en *un instante*. Dios quiere que pasemos tiempo para *conocerlo* a él como nuestro Papá. Él quiere tener con nosotras una relación de Padre/hija. Mientras más lo conocemos como nuestro Papá, más cambia nuestra vida.

*Redefine* [ be·lle·za ]

Soy la primera en reconocer que una relación con Dios puede parecer complicada, así que vamos a hablar de eso. Prometo que lo haré divertido.

¿Recuerdas todas esas opciones en cuanto al status de las relaciones que puedes escoger para el perfil de Facebook? Bueno, ¿cuál de esos status de relación en Facebook describiría mejor tu relación con Dios hoy?

**Soltera:** *Gracias, pero no... gracias. Soy una chica independiente y realmente no me interesa tener una relación con Dios.*

**En una relación:** *Amo a Dios. Trato de pasar tiempo con él y de hablarle acerca de mi vida. Estoy tratando de llegar a conocerle y de dejar que él me conozca.*

**En una relación abierta:** *Me parece que creo en Dios y en ocasiones trato de amarlo, pero no quiero comprometer cada aspecto de mi vida. Me gusta hacer cosas que tal vez a Dios no le agraden mucho como las fiestas de fin de semana, andar por ahí con mi novio o vestirme con ropas que Dios no escogería. Así que en la casa o en la iglesia yo ando con Dios, pero en la escuela y durante los fines de semana, como que lo dejo fuera.*

**Es complicado:** *He tratado el asunto de «tener una relación con Dios» ¡pero es difícil! No puedo verlo, ni tocarlo, ni escucharlo. A veces me pregunto si tan siquiera le importa mi vida. ¡Y la Biblia parece tan aburrida!*

Solo para demostrarte que una relación con Dios puede cambiar una vida, permíteme contarte mi historia.

## CAMBIAR EL STATUS DE MI RELACIÓN

Yo crecí como hija de un predicador; oí hablar de Dios durante toda mi vida. Todas las noches mi papá dirigía lo que mi familia llamaba un «culto familiar», y él hacía que la Biblia cobrara vida. En una ocasión papá aprovechó que no estábamos mirándolo y puso unas galletitas de vainilla en el ventilador de techo para luego contarnos una historia de la Biblia en que Dios manda el maná del cielo para los israelitas (Éxodo 16). Cuando encendió el ventilador, las galletas volaron por el aire. Se suponía que fuera maná del cielo, pero en cuanto las galletitas nos cayeron en la frente supimos que papá no había ido más allá de la alacena en busca de la merienda «celestial». Digo todo esto para señalar que yo estaba familiarizada con la Biblia. Mis padres me enseñaron de Dios. ¡Y todo me encantaba! ¡De veras que sí! Hasta… que llegó la secundaria.

La secundaria fue difícil. No solo comencé a cuestionar las cosas sino a rebelarme. Me convertí en la clásica hija del predicador que se escapaba de la casa para ir a fiestas, beber y fumar con todos mis amigos. Creo que por estar cansada de que mis compañeros se burlaran de mí por mi fe, tomé una decisión: yo quiero estar en la onda. Jesús no tiene onda. Así que voy a dejar a Jesús. En el mundo de Facebook eso se llamaría cambiar el status de «en una relación» a «soltera».

Durante un tiempo me sentí bastante bien con esa decisión, pero después de ese tiempo me sentí todavía más perdida que antes. No sabía quién era. Aquel nuevo estilo que estaba probando, el de la chica en onda que le da vida a la fiesta, realmente no me estaba funcionando. Mi vida estaba llena de drama, confusión e inseguridad. Aunque por fuera parecía que todo andaba bien, mientras más popular trataba de ser, más insegura me sentía porque realmente no era yo. Estaba siendo quien todos los demás querían que fuera.

*Redefine* [ be·lle·za ]

Cada vez que me iba para la escuela me molestaba mucho con mi mamá. Ella se paraba frente a la puerta mientras yo salía como loca hacia el auto y me decía: «Espérate. ¡Quiero leerte este pasaje!» En esa etapa de mi vida la Biblia era el último libro que yo quería leer. Había pasado mucho tiempo desde la época de la galletita de vainilla en que la Biblia me producía emoción. Ahora los versículos bíblicos solo eran una pérdida de treinta largos segundos durante mi conteo regresivo de 15 minutos antes de que comenzara el primer turno de clases. Pero creo que aquellos momentos en que mamá me leía la Palabra de Dios acabaron por darme mucho más de lo que yo comprendía porque durante mi penúltimo año de secundaria, algo cambió.

Lo que cambió mi corazón no fue un mensaje de Dios escrito en las nubes. Ni hubo fuegos artificiales en mi corazón. Tampoco fue un gran milagro ni un desastre. Fue el flujo constante y firme de las oraciones de mis padres, el cuidado de mi ministro de jóvenes, las conversaciones con amigos cristianos. Mediante todo esto Dios me mostró que me estaba buscando y que quería mostrarme algo. En aquel entonces yo no sabía con seguridad qué cosa era ese «algo». Pero sentí que Dios me decía: «Oye, yo soy mucho más de lo que tú piensas».

Y eso era una buena noticia porque las fiestas no me habían funcionado. Solo me llevaron a recuerdos vergonzosos de estar vomitando en el baño. Quiero que sepas, estar borracha y cubierta de vómito no es algo bello. En sentido general, mis intentos de ser más popular tampoco ayudaron mucho a mi vida. Entendí que estaba tratando de encajar con personas que no me amaban como realmente yo era y, ¿qué tiene eso de divertido? Las fiestas a las que iba, los novios que escogía, los amigos con que salía, las pequeñas mentiras que contaba, los chismes que escuchaba, todo eso me estaba cambiando poco a poco y convirtiéndome en una persona para la cual yo no fui creada. ¡Y yo estaba lista para descubrir quién era realmente Jenna Lucado! Estaba lista para vivir una vida de significado. Así que por primera vez me pareció interesante todo este asunto de la relación con Dios. Volví a cambiar el status de mi relación, de «soltera» a «en una relación abierta». Dejé que Dios entrara a mi vida en la casa y en la iglesia, pero todavía no estaba lista para decir adiós al círculo de amigas que desanimaban mi fe ni a los chicos con los que salía y que no amaban a Dios.

Poco a poco, aunque sin dudas, empecé a cansarme de quien yo era, cansarme de lo que estaba haciendo y cansarme de las personas con las que salía. Supongo que simplemente quería algo más. Por un lado, estaba tratando de aprender más de Dios, pero por el otro, no estaba viviendo una vida que Dios aprobara. Este asunto de la relación «abierta» solo estaba confundiendo mi identidad y estirando demasiado mi corazón. Todo mi estilo necesitaba un cambio. Mi identidad necesitaba una transformación grande.

Realmente no sabía por dónde comenzar al tratarse de Dios. Yo creía que lo conocía pero algo me decía que en realidad no lo conocía para nada. Fue entonces cuando decidí leer la Biblia, aunque todas aquellas letritas negras me asustaban más que una novela de Dickens. Pero en lugar de leer a toda velocidad, como haría con mi tarea de inglés, lo tomé con calma para realmente poder entender lo que Dios estaba tratando de decirme sobre sí mismo. De hecho, el rey David nos dice en la Biblia que «meditemos» en la Palabra de Dios. ¿Quiere decir eso que David te está pidiendo que saques tu alfombra de hacer yoga, te sientes con las piernas cruzadas y empieces a canturrear: «Ummmm»? No. Pero el rey David comprendió la importancia de ingerir las palabras de Dios una por una, pensar en ellas, aplicarlas a tu vida y sumergirte en ellas de día y de noche. Pronto Dios se volvió muy real y personal para mí.

*Redefine* [ be·lle·za ]

## Consejo de belleza
### *Meditación*

*Meditar a diario en la Palabra de Dios reenfoca nuestras mentes en lo que es importante. Es un tiempo en el que podemos dejarle nuestros problemas y dejar de una vez que sea él quien hable. A continuación algunos consejos:*

- *Ponte cómoda, pero no tan cómoda que te quedes dormida. Busca un lugar tranquilo y ponte ropa cómoda. Quizá quieras acurrucarte en una butaca o acostarse sobre el césped.*

- *Respira profundamente unas cuantas veces, aclara tu mente (esa es la parte más difícil), y luego lee un pasaje de las Escrituras. Pídele a Dios que te ayude a escuchar y luego siéntate tranquila cuando hayas terminado de leer.*

- *Escoge un momento del día en el que puedas estar sentada tanto como necesites. De esa manera es que realmente puedes descansar en él y dejar que él te sujete durante un minuto. Seamos honestas: todas necesitamos ser como niñitas en los grandes brazos de papá. Y este es tu tiempo para ser pequeñita otra vez y saber que él te sostiene.*

*Esta práctica se hará más fácil mientras más lo hagas. Aliviará la tensión en tu vida, ¡lo que inevitablemente aliviará la tensión en tu rostro!*

Uno de los primeros capítulos de la Biblia que cambió la

manera en que yo veía a Dios fue el Salmo 139. Toma el tiempo de leerlo (aunque ya lo hayas leído un millón de veces, vuélvelo a leer) y, esta vez, prueba a meditar en él.

Busca un lugar tranquilo, un lugar donde no te distraigas y escucha lo que Dios te está diciendo.

### Salmo 139
*Un salmo de David*

*Oh Señor, has examinado mi corazón*
*y sabes todo acerca de mí.*
*Sabes cuándo me siento y cuándo me levanto;*
*conoces mis pensamientos aun cuando me encuentro lejos.*
*Me ves cuando viajo*
*y cuando descanso en casa.*
*Sabes todo lo que hago.*
*Sabes lo que voy a decir*
*incluso antes de que lo diga, Señor.*
*Vas delante y detrás de mí.*
*Pones tu mano de bendición sobre mi cabeza.*
*Semejante conocimiento es demasiado maravilloso para mí,*
*¡es tan elevado que no puedo entenderlo!*

*¡Jamás podría escaparme de tu Espíritu!*
*¡Jamás podría huir de tu presencia!*
*Si subo al cielo, allí estás tú;*
*si desciendo a la tumba, allí estás tú.*
*Si cabalgo sobre las alas de la mañana,*
*si habito junto a los océanos más lejanos,*
*aun allí me guiará tu mano*
*y me sostendrá tu fuerza.*
*Podría pedirle a la oscuridad que me ocultara,*

*y a la luz que me rodea, que se convierta en noche;*
  *pero ni siquiera en la oscuridad puedo esconderme de ti.*
*Para ti, la noche es tan brillante como el día.*
  *La oscuridad y la luz son lo mismo para ti.*

*Tú creaste las delicadas partes internas de mi cuerpo*
  *y me entretejiste en el vientre de mi madre.*
*¡Gracias por hacerme tan maravillosamente complejo!*
  *Tu fino trabajo es maravilloso, lo sé muy bien.*
*Tú me observabas mientras iba cobrando forma en secreto,*
  *mientras se entretejían mis partes en la oscuridad de la*
    *matriz.*
*Me viste antes de que naciera.*
  *Cada día de mi vida estaba registrado en tu libro.*
*Cada momento fue diseñado*
  *antes de que un solo día pasara.*

*Qué preciosos son tus pensamientos acerca de mí, oh Dios.*
  *¡No se pueden enumerar!*
*Ni siquiera puedo contarlos;*
  *¡suman más que los granos de la arena!*
*Y cuando despierto,*
  *¡todavía estás conmigo!*

*¡Oh Dios, si tan sólo destruyeras a los perversos!*
  *¡Lárguense de mi vida, ustedes asesinos!*
*Blasfeman contra ti;*
  *tus enemigos hacen mal uso de tu nombre.*
*Oh Señor, ¿no debería odiar a los que te odian?*
  *¿No debería despreciar a los que se te oponen?*
*Sí, los odio con todas mis fuerzas,*
  *porque tus enemigos son mis enemigos.*

*Examíname, oh Dios, y conoce mi corazón;*
*pruébame y conoce los pensamientos que me inquietan.*
*Señálame cualquier cosa en mí que te ofenda*
*y guíame por el camino de la vida eterna.*

*—Salmo 139* (NTV)

El Salmo 139 me ayudó a entender que este enorme libro, «aburrido» y «arcaico» en realidad era interesante. ¡Y yo estaba asombrada de su relevancia para mi vida! Cuando me sentía solitaria en los fines de semana, después que decidí dejar de salir con los «amigos» que me estaban destruyendo, Dios me recordó: «Jenna, ¿adónde puedes ir que yo no esté?» Cada vez que me sentía fea al mirarme al espejo, y oye, yo sé que tú entiendes cuando nosotras las chicas decimos que «tenemos el feo subido», leía los versículos 13 y 14 para recordarme que Dios me había diseñado ¡y que yo soy una creación maravillosa!

Poco a poco la Biblia cobró vida para mí. Comencé a encontrar versículos que redefinían la manera en que yo me veía a mí misma. En lugar de pensar que no podía manejar los problemas que la vida me presentaba, me sentía fortalecida al leer un versículo como este: «Ustedes, queridos hijos, son de Dios y han vencido a esos falsos profetas, porque el que está en ustedes es más poderoso que el que está en el mundo», (1 Juan 4, NVI).

Una noche me quedé despierta hasta tarde, conversando con mi novio. Las luces estaban apagadas y él comenzó a besarme. Recuerdo que yo quería seguirle la rima, pero cuando escuché las palabras de Romanos 12:1 en mi cabeza: «que cada uno de ustedes... ofrezca su cuerpo como sacrificio vivo, santo y agradable a Dios». Aunque en ese momento pareció embarazoso (y créeme, no fue fácil), me separé de él abruptamente y le dije que no podíamos seguir besuqueándonos más. Yo sé que él pensó que yo estaba loca, pero ese momento redefinió mis normas al tratarse de los chicos.

*Redefine* [ be·lle·za ]

Después de eso comencé a buscar chicos que se interesaran más en edificar mi carácter a la manera de Dios que en animarme a lucir o a actuar de cierta manera porque a ellos les agradara así. ¿Quiere eso decir que fui perfecta con mis novios después de eso? ¡No! Pero demuestra que en los momentos difíciles (en un cuarto oscuro con un chico, en un círculo de chicas chismosas, en un grupo que se pasa un cigarrillo de marihuana, incluso en tu propia habitación cuando estás tratando de hacerte daño a ti misma), Dios está ahí y te da un codazo para que tomes la decisión correcta. ¡Él se interesa en nosotras! Lo único que tenemos que hacer es escuchar. Y mientras más escogía escuchar a mi Papá celestial, más comenzaron a cambiar mis perspectivas, mis normas y mis decisiones. ¡Él hizo mi corazón más bello que antes!

Recuerdo la noche que me acosté llorando sobre mi almohada después de escuchar la noticia devastadora. Mi tía Jana, una joven madre de tres niños, murió de repente debido a una aneurisma cerebral. Mientras mi cabeza se hundía en un mar de tristeza, le supliqué a Dios que me consolara. Él me dio un salmo de ánimo tras otro. «El Señor está cerca de los quebrantados de corazón» (Salmos 34:18) esa noche demostró ser real. En momentos como ese, sé que la Biblia funciona. En momentos como ese me doy cuenta de que Dios es realmente mi papá, que me habla y me da consejos. Y en esos momentos experimento de qué se trata tener una relación con Dios.

Leer la Palabra de Dios nos enseña más acerca del tipo de Padre que él es y cómo podemos vivir como sus hijas. Es la manera en que Dios nos habla. Pero recuerda, es igualmente importante que nosotros le hablemos a él.

## Enviar mensajes de texto a Dios

¿Cuántos mensajes de texto le envías a tu mejor amiga cada

día? ¿Cuánto tiempo pasas en el teléfono con una amiga o con un novio? ¿Cuántas notas pasas en la clase? Nos encanta estar en contacto con nuestros amigos, sin embargo, por alguna razón ¡nos resulta difícil mantener el contacto con un Dios que siempre nos escucha y que siempre está de nuestra parte!

Dios anhela que nosotros le hablemos a él de las mismas cosas que les hablamos a nuestras amigas. Él quiere escuchar acerca de la amiga que nos dio la espalda, esa prueba que nos tiene tensas, aquel chico que nos gusta mucho. ¡A él le interesa lo que nos interesa a nosotras! Escucha lo que él dice: «Pongan todas sus preocupaciones y ansiedades en las manos de Dios, porque él cuida de ustedes» (1 Pedro 5:7, NTV).

Dios responde las oraciones. Él quiere ser parte de tu vida. Al igual que un buen padre quiere una relación con su hija. Entonces, ¿vas a cambiar el status de tu relación? Tal vez tú batallas con llevar una doble vida, como me pasaba a mí, un pie en el mundo y el otro en una relación con Dios. Tal vez tú no quieres tener nada que ver con él, yo también pasé por eso. Tal vez estés aburrida de tu relación con él. Donde sea que caigas en este cuadro de status, toma un minuto para orar por tu relación con él. Él quiere ser algo más para ti que una iglesia, más que un día hermoso, más que un amigo; él quiere ser tu Papá.

## Una nota de Max

*Cuando Jenna tenía dos años se me perdió en una tienda por departamentos. Estaba parada junto a mí, y de repente desapareció. Me dio pánico. En ese instante solo importaba una*

*Redefine* [ be·lle·za ]

cosa, tenía que encontrar a mi hija. Me olvidé de las compras. La lista de cosas que vine a buscar ya no era importante. Grité su nombre. No me importaba lo que pensara la gente. Durante unos breves minutos cada onza de energía tenía una sola meta: encontrar a mi hija perdida. (Y, por cierto, la encontré. ¡Estaba escondida detrás de unos abrigos!)

No hay precio demasiado alto para un padre o una madre cuando se trata de redimir a su hijo. No hay energía demasiado grande. No hay esfuerzo demasiado severo. El padre o la madre harán lo que sea para encontrar a su hijo o hija.

Y lo mismo hará Dios.

Anótalo. La mayor creación de Dios no son las estrellas lejanas ni los cañones; es su plan eterno para alcanzar a sus hijos. Detrás de su búsqueda de nosotros está la misma brillantez que yace tras las estaciones que rotan y los planetas que orbitan. El cielo y la tierra no tienen mayor pasión que la pasión que Dios siente por ti.[1]

¿Necesitas más confianza? ¿Estás cansada de sentirte insegura? Usa el espacio que aparece a continuación para escribirle una nota a Dios si estuvieras mandándole un mensaje de texto. Solo habla con él como lo harías con tu mejor amiga.

_____

_____

_____

_____

_____

_____

_____

_____

Después de confesar algunas inseguridades a Dios, ¡creo que es hora de hablar de cuán bella él cree que tú eres!

## Capítulo ocho

# ¿Un Mercedes? $40,000. ¿Una mansión? $3 millones. ¿Tú? ¡Incosteable!

«¡**O**h, nooooo! ¿Tenemos que ir a Fredericksburg otra vez?» Mis hermanas y yo les teníamos terror a las mañanas de sábado en que mis padres decían que teníamos que cargar el auto para pasar el día en Fredericksburg. Este hermoso pueblo de campo original, enclavado en el centro de Texas, es conocido por sus duraznos en el verano y por sus encantadoras luces navideñas en el invierno. Fredericksburg es sin dudas un lugar como el de un libro de cuentos, pero de haber escuchado nuestros gemidos y quejas habrías pensado que mamá nos estaba llevando al dentista. ¿Qué hacía que Fredericksburg fuera tan miserable para una chica de cuatro, una de siete y otra de nueve años? Las antigüedades. La ecuación era sencilla: Antigüedades + Mamá = Una mañana de sábado muy larga y muy aburrida.

Papá trataba de hacer el viaje divertido. Pero solo durante un rato es que podías jugar a los escondidos en la tienda antes de que los dependientes nos descubrieran, hacer cierta cantidad de competencias explotando chicles de globo antes de que el chicle se pusiera demasiado duro o jugar ciertas veces a tres en raya [tic-tac-toe] antes de que se nos acabaran las estrategias. ¡Mamá pasaba tanto rato en aquellas tiendas de antigüedades que parecían días!

En aquel entonces yo no tenía idea de por qué alguien querría comprar un trasto viejo. ¿Por qué una cama del siglo diecinueve costaba más que una cama nueva? ¿No estaba al revés este concepto? A fin de cuentas, ¿quién quiere dormir en una cama en la que han dormido quién sabe cuántas cabezas malolientes antes que la suya propia?

Yo no podía entender el valor de las antigüedades.

## ¿TÚ CREES QUE ERES VALIOSA?

En un momento u otro todas hemos encontrado a alguien que no comprendió nuestro valor. Otras chicas han dicho chismes de nosotras o se han reído de nuestra ropa. Los chicos se han reído de nuestro corte de cabello o de nuestra torpeza en la clase de educación física. Pero aún peor, algunas ni siquiera hemos tenido familiares que nos animen, nos digan que somos bellas o que nos digan «te quiero». Pero antes de que empecemos a permitir que otras personas determinen nuestro valor, es importante reconocer el valor que Dios nos da y cómo necesitamos tratarnos a nosotras mismas como corresponde. Una vez que entendemos esto, hemos dado un gran paso para redefinir la belleza.

Cuando mamá compraba una antigüedad costosa, yo no le daba ninguna importancia. Recuerdo que tenía seis años y estaba haciendo una verdadera obra de arte en mi cama con un marcador permanente, sin considerar para nada el valor de la cama. Para mí no era un mueble valioso, ¡era un lienzo para mi marcador! También registraba el maquillaje de mi mamá y no me importaba si aplastaba un labial o embadurnaba de rímel el mostrador del baño. Cuando no entendemos el valor de algo, no lo tratamos con cuidado. Pero, ¿quiere decir eso que el objeto sea menos valioso? ¡No!

A veces no podemos entender el valor de algo hasta que alguno de confianza nos dice cuán valioso es.

*¿Cuáles son algunos tesoros que has tratado como basura porque realmente no entendías su valor?*

_____

_____

_____

_____

**Consejo de belleza**
*Conoce tu valor*

*Aunque pudiera ser difícil creer que somos valiosas, es una de las cosas más importante que podemos hacer por nuestra salud física y emocional.*

*Si hay algo que he aprendido sobre lucir bien es que hacerse daño a uno mismo no es nunca un buen estilo. Ya sea cortarse, vomitar, tomar laxantes o cualquier otra cosa dañina que las chicas hacen, solo hará que te sientas peor.*

*Si te haces daño a ti misma o si te han tentado a dañarte a ti misma, por favor, deténte y busca ayuda de inmediato. Pídele a Dios fortaleza y busca un adulto de confianza con quien hablar.*

En el libro *Mentiras que las mujeres creen y la verdad que las hace libres*, la autora Nancy DeMoss dice que a veces no vemos nuestro valor hasta que lo escuchamos de nuestro Creador:

Alguien que no reconoce o aprecia las bellas artes echa una obra maestra a la basura. ¿Haría eso que la pintura fuera menos valiosa? En lo absoluto. El verdadero valor del arte se vería cuando un coleccionista de arte descubriera la pintura y dijera: «Esta es una obra inapreciable, y estoy dispuesto a pagar cualquier cantidad para adquirirla».[1]

DeMoss continúa diciendo: «Cuando Dios envió a su Hijo, Jesús, a esta tierra... él declaró que el valor de nuestra alma es mayor que el valor del mundo entero».[2] ¡¿Leíste eso?! ¡Nuestro valor es mayor que el valor del mundo entero! ¡Tenemos un Dios que nos llama valiosas! ¿Qué impacto tiene eso en la manera en que nos vemos a nosotras mismas? ¿Cómo debiera afectar la manera en que nos vemos a nosotras mismas? Bueno, una vez que creemos en quién dice Dios que somos, comenzamos a tratarnos a nosotras mismas con valor.

Comenzamos a tomar mejores decisiones. Salimos con chicos que nos tratan con respeto. Buscamos ayuda para cosas como hacernos daño a nosotras mismas u odiarnos a nosotras mismas. Salimos con amigos que nos animan. Pronto comenzamos a brillar con una belleza radiante porque estamos confiados en nuestro valor. Nos tratamos como obras maestras cosidas a mano, hechas a mano y escogidas por la mano del Creador entre todo lo que es bello.

*Redefine* [ be·lle·za ]

*Escucha muy bien. El amor de Jesús no depende de lo que hagamos por él. En lo absoluto. A los ojos del Rey, tú simplemente tienes valor porque eres tú. No tienes que lucir bien ni hacer todo bien. Tu valor es innato.*

*Punto.*

*Piensa en eso durante un instante. Eres valiosa solo porque existes. No por lo que haces ni por lo que has hecho sino simplemente porque eres. Recuerda eso. La próxima vez que alguien trate de verte como algo barato, solo piensa en la manera en que Jesús te honra... y sonríe.[3]*

Vernos a nosotras mismas como Dios nos ve hace que sea más fácil considerarnos bellas. A continuación los tres aspectos en que esto causa un impacto en tu vida. Yo les llamo «las tres E».

- *Apariencia Exterior*

- *Autoestima*

- *Expectativas*

## Tu apariencia exterior
## cambiará

Durante la secundaria me resultó difícil entender mi valor. Yo vivía para impresionar a mis amigas y, por supuesto, a los chicos. Las peores discusiones que mi mamá y yo teníamos no eran por las notas sino por mi actitud o mi limpieza (o falta de ella) en mi habitación. Nuestra guerra mundial siempre se debía a los trajes de baño.

Mamá quería que yo cubriera aquello, escondiera esto y tapara aquellas. Yo quería mostrar aquello, alardear de esto y revelar aquellas. No entendía por qué yo tenía que ser la única de mis amigas que no pudiera ponerse un bikini. Todas mis amigas me decían que debía comprarme uno, yo sabía que a los chicos les gustaban y las revistas me decían que para estar a la moda tenía que comprarme uno. Cada vez que íbamos a comprar un traje de baño, yo salía de la tienda llorando y mi mamá poniendo los ojos en blanco.

—Jenna, tú no entiendes cómo piensan los chicos —decía ella.

Y yo siempre le contestaba:

—Bueno, mamá, ¡tú no eres un chico! ¿Cómo sabes tú lo que ellos piensan?

Tal vez tú has dicho eso antes. ¿Y qué de esta?

—Mamá, yo no voy a comprar esto para exhibirme frente a los chicos. ¡Está lindo! ¡No es culpa mía que me miren!

La verdad es que en esa situación mi mamá era la única que veía mi valor. Yo no lo veía, mis amigos no lo veían, los chicos no lo veían y, por supuesto, las revistas no eran capaces de verlo. Ella era la única que entendía que el cuerpo que Dios me dio es valioso, es algo para atesorar y no para poner en exhibición.

Cuando veamos nuestro cuerpo como algo valioso que Dios hizo, lo trataremos con cuidado. Lo trataremos como Dios quiere

*Redefine* [ be·lle·za ]

que lo tratemos. Lo vestiremos como Dios nos pide que lo vistamos. ¿Y cómo quiere él que nos vistamos?

Bueno, dale un vistazo a este consejo de belleza en 1 Timoteo 2:9-10 (NTV): «Y quiero que las mujeres se vistan de una manera modesta. Deberían llevar ropa decente y apropiada y no llamar la atención [...] Pues las mujeres que pretenden ser dedicadas a Dios deberían hacerse atractivas por las cosas buenas que hacen».

Ahora bien, no malinterpretes la Biblia ni pienses que Dios está diciendo que durante todo el año te tengas que poner un abrigo con cuello de tortuga. En primer lugar, eso sería ridículo en el calor del verano. Segundo, y más importante, podemos vestirnos bonito y a la moda de una manera modesta. Dios no quiere que nos vistamos con una sábana ni que no vayamos de compras a nuestra tienda favorita. Él solo nos pide que seamos modestas y que ayudemos a nuestros hermanos al no atraer la atención hacia ciertas partes de nuestros cuerpos. Si mostramos el escote o si nos ponemos ropa apretada que marcan cada una de nuestras curvas, las mentes de los chicos divagarán por lugares que no deben andar y eso no los ayudará a tratarnos con el respeto que queremos y merecemos. Si nos vestimos de una manera que honre a nuestro padre celestial, atraeremos a chicos de carácter que se interesan más en nuestros corazones que en nuestros cuerpos.

Piénsalo de esta manera. Si ves a una mujer mayor bajándose de un Mercedes nuevo de paquete, vestida con un traje negro hecho a la medida, ¿cómo crees que interactuarías con ella? Es probable que le hables de manera respetuosa y con un tono maduro. Tal vez hasta sueltes un «sí, señora». Pero imagínate que estás en la playa y esta misma mujer lleva shorts, una camiseta y está jugando con su perro y con un platillo volador. Tu interacción no sería tan formal. Tu lenguaje sería más relajado. Su apariencia externa afectaría la manera en que tú actuarías a su alrededor.

Lo que usamos dice mucho de cómo esperamos que se nos trate. Si un chico observa que una chica usa ropa que provoca sus ojos, es mucho más probable que piense que es una chica fácil y coqueta y que la trate con menos respeto. Pero si mantenemos privados los lugares privados, los chicos pensarán que somos un poco más misteriosas. No supondrán que eres alguien de quien se pueden aprovechar.

## Consejo de belleza
### La modestia tiene mucha onda

*Como siempre dice una buena amiga mía: «la modestia tiene mucha onda». ¡Y es verdad! ¿Quieres algunos consejos de cómo estar a la moda y ser modesta?*

- *Ten algunas chaquetas de punto, bonitas y coloridas para ponerte por encima de blusas que te aprieten demasiado la piel.*

- *Compra camisetas interiores. Ahora las capas están de moda, así que ponte una camiseta debajo de una blusa con escote bajo.*

- *Ahora que las mallas vienen con todo tipo de patrones y colores, ten algunas en tu armario para ponerte debajo de las faldas e incluso de los shorts que tú creas (o que tu mamá crea) que son demasiado cortos. De veras, con todas las opciones que hay, ¿por qué escoger unos shorts o falda muy cortos que solo harán que te sientas cohibida todo el tiempo?*

*Redefine* [ be·lle·za ]

Andrea, mi hermana menor, camina airosamente con su estatura de un metro y setenta y siete centímetros. Tiene un cabello hermoso, grueso y rojizo... hace que Nicole Kidman sienta vergüenza. Una constelación de lindas pecas cubren sus mejillas y la parte superior de su nariz. Hace unos meses ella se mudó a Oxford, Inglaterra, para obtener su maestría en literatura inglesa. Qué chévere, ¿verdad? Yo siempre he admirado su confianza y disposición a salirse de su zona de comodidad. Pero si ahora mismo Andrea estuviera sentada al lado tuyo, te diría rápidamente que no siempre se ha sentido confiada. Cuando era más joven luchó con asuntos de autoestima como la mayoría de nosotros.

Recuerdo una mañana en uno de nuestros viajes a la escuela intermedia en el auto de papá, Andrea comenzó a llorar. Desconcertados, papá y yo le preguntamos qué le pasaba. Yo recorrí los posibles problemas en mi cabeza: se le olvidó hacer una tarea, no estudió para un examen, una amiga hirió sus sentimientos. Por fin, en medio de sollozos, ella se las arregló para revelar la causa de su desdicha: «¡Se me olvidó el polvo facial!»

En esta etapa en particular de la vida de Andrea, ella realmente detestaba sus pecas y detestaba tener mejillas rosadas. Así que todas las mañanas intentaba cubrir su rostro «defectuoso» con capas de polvo de Clinique. Yo intenté que dejara de llorar diciéndole que llorar le pondría la cara más roja de lo que ya estaba, pero mi consejo de octavo grado y muy poco comprensivo recibió un bien merecido: «¡Jenna, tú no sabes lo que es tener la cara roja!» (Andrea siempre ha sido lo que yo llamo una «chica dramática», pero, ¡chitón, no le digas que yo te lo conté!)

Además de detestar su cara, durante mucho tiempo Andrea

luchó para aceptar su altura. Era más alta que muchos de los chicos en nuestra escuela. Siempre buscaba zapatos bajos para sus actividades formales y cada vez que íbamos a comprar vaqueros ella regresaba a casa molesta porque ningunas de las patas de los pantalones eran lo suficientemente largas.

Recuerdo que estaba en su segundo año de secundaria cuando por fin se encendió el bombillo en la vida de Andrea. No fue una transformación de la noche a la mañana, pero sin dudas experimentó un cambio gradual en el corazón.

Comenzó a prestar menos atención a su maquillaje, su estatura e incluso sus «amigos» que no la aceptaban. Su actitud era más relajada y los problemas que ella solía ver como una amenaza para la vida se convirtieron en algo que edificaba su vida. Recuerdo que una noche entré a su habitación y la encontré leyendo la Biblia a la luz de la lámpara. Le dije que podía ver un cambio en su corazón y ella estuvo de acuerdo. Me dijo cómo el pasar tiempo con Dios realmente la había ayudado.

Andrea había comenzado a verse a sí misma de la manera en que Dios la veía, y todo en ella cambió. Aceptó su estatura y caminó erguida; dio la bienvenida a las pecas y aceptó sus mejillas rosadas. Cuando vemos a Dios como nuestro Padre y realmente creemos que le pertenecemos, nuestra autoestima llega a nuevas alturas. Cuando pasamos tiempo con él, su voz de verdad triunfa sobre la voz mentirosa del mundo al asegurarnos: «¡Eres mía! ¡Y eres bella!»

Toma un momento ahora y cuéntale a Dios todas tus inseguridades. Él quiere saber de tu acné. Quiere que le hables del cabello encrespado, de tus sentimientos de insuficiencia y de llegar al equipo de reserva y no al de competencias. Entrégale todas tus inseguridades y asume tu verdadera identidad como una bella hija del Rey de reyes. Créeme, ¡será un gran estilo para ti!

**Accesorio para la vida**
*Contentamiento en quien Dios te hizo que fueras*

Si vives la vida comparándote con todas las chicas que te pasen por el lado, nunca estarás contenta con quien eres. Siempre habrá chicas más bonitas, más inteligentes y las que parecen tener más éxito. Estoy muy segura de que yo no soy la única chica del mundo que ha tomado una revista y ha pesando: «¡Ay, ojalá yo fuera como ella!» Así que cada vez que desees compararte con otra persona, comienza a enumerar todas las cosas de tu vida por las cuales estás agradecida.

Pídele a Dios que te ayude a hacer lo que dice Pablo en Filipenses 4:11: «He aprendido a estar satisfecho en cualquier situación en que me encuentre». Dios te hizo por alguna razón, ¡así que aprende a amarte!

## Tus expectativas cambiarán

El otro día, mientras conversaba con una mentora muy sabia que tengo, comencé a preguntarle sobre su infancia. Al mirar sus ojos gentiles y conocer su alma cariñosa, yo nunca hubiera adivinado que ella creció con un padre alcohólico. Me contó que ella y sus hermanos y hermanas temían las noches en que él regresaba a casa borracho. Aunque nunca le hizo daño, noche tras noche ella escuchaba los gritos de su madre indefensa. Cada vez que el padre se iba fuera de la ciudad para trabajar, un suspiro de alivio inundaba la casa. Su madre lo celebraba horneando pan. Con una sonrisa nostálgica mi mentora recordó el aroma que le saludaba en la puerta luego de la escuela. «Siempre que olíamos pan fresco sabíamos que papá se había ido». Hasta los días de hoy el aroma le produce paz.

Debido a su experiencia, al ver a su madre soportar el abuso de su padre, ella entró a su matrimonio con la expectativa de sufrir abuso. Antes de decir «acepto», ya ella tenía planeada la respuesta a la primera golpiza que su esposo le propinara. Sus expectativas de lo que sería un matrimonio eran tan bajas debido a que el modelo de matrimonio de sus padres fue muy tenebroso. Mi mentora nunca tuvo a alguien que le dijera cuán valiosa era, cuánto potencial tenía o cómo se merecía que la trataran. Nunca nadie le mostró cómo es el amor verdadero. Nunca nadie le dijo que ella se merecía lo mejor, así que esperaba lo peor. Trágicamente, su falta de valor propio llevó a un matrimonio abusivo que terminó en divorcio.

Me contó que no fue hasta tener unos cincuenta años que pudo entender su valor para Dios. Ahora vive su vida con expectativas optimistas y no se conforma con nada menos que lo mejor de Dios para ella. Hasta encontró el amor de su vida, un hombre que la trata como a una princesa.

*Es demasiado fácil conformarse con menos de lo mejor de Dios debido a una experiencia o influencia negativa en la vida. Toma algún tiempo para anotar algunas expectativas bajas que tengas. Podría ser cualquier cosa, desde no estudiar porque crees que vas a fracasar, hasta salir con el chico equivocado porque no crees que el chico adecuado jamás pudiera fijarse en ti, o ni quiera hacer la solicitud para matricular en la universidad de tus sueños porque temes que no te acepten.*

_____

_____

_____

_____

Dios no quiere que nos conformemos con tan poco. ¡Él quiere que sus hijas vuelen más alto de lo que jamás pudieran soñar! Quiere llevarnos a lugares en los que nunca hemos estado. Él quiere soñar por nosotras. Entonces, ¿se lo permitirás? No te pongas tus propias metas. ¡Deja que Dios lo haga en tu lugar! Escucha lo que dice sobre la vida que él promete a sus hijas si escogemos vivir según sus normas:

_Todo lo puedo en Cristo que me fortalece._
—Filipenses 4:13

_¡Cobra ánimo y pórtate como hombre! Cumple los mandatos del Señor tu Dios; sigue sus sendas y obedece sus decretos [...] Así prosperarás en todo lo que hagas y por dondequiera que vayas._
—1 Reyes 2:2–3

_Escucha, Israel, y esfuérzate en obedecer. Así te irá bien y serás un pueblo muy numeroso en la tierra donde abundan la leche y la miel, tal como te lo prometió el Señor, el Dios de tus antepasados. —Deuteronomio 6:3_

Una vez que empieces a verte como hija de Dios, él redefinirá tus expectativas, tu autoestima e incluso tu apariencia exterior.

Capítulo nueve

# { «¡Hola! Yo me llamo _____» }

*T*odos tenemos nombres y sobrenombres que la gente usa para llamar nuestra atención, pero también tenemos otros nombres, nombres que nos damos a nosotras mismas y que solo nosotras conocemos, nombres que solo nosotras usamos. Si llegaras a una fiesta y te pidieran que llenaras una etiqueta, como esas azules que dicen: «¡Hola! Yo me llamo _____», ¿qué nombre pondrías en el espacio en blanco?

No estoy hablando del nombre que tu mamá y tu papá te dieron porque, seamos honestas, nosotras podemos ser nuestras peores enemigas. ¡A veces nos ponemos nombres terribles! Un nombre que yo me pongo mucho es «idiota». Cada vez que cometo un error me descubro pensando: *¡Idiota! ¿Por qué hiciste eso?* Pasé por una etapa en la que mi nombre para mí misma era «gorda». En ocasiones me he puesto nombres que otras personas también me dicen o nombres que yo pensé que me decían. Cuando no me invitaban a las fiestas me convertía en «extraña». Y cuando no me eligieron presidenta del consejo estudiantil, mi nombre cambió a «perdedora».

Haz una pausa y piensa en los nombres que te pones a ti misma y los nombres que otros te han puesto que quizá hayas usado sin darte cuenta para definirte a ti misma. Llena los espacios en blanco que aparecen a continuación:

*«¡Hola! Yo me llamo* _____*».*

*«¡Hola! Yo me llamo* _____*».*

*«¡Hola! Yo me llamo* _____*».*

*«¡Hola! Yo me llamo* _____*».*

Lo temible es el potencial que tenemos de convertirnos en los nombres que nos ponemos o que otras personas nos ponen, especialmente aquellos que nos dicen la gente de la casa. Así que si no nos dicen «bella», «inteligente» o «amable», nuestra autoestima comienza a debilitarse. Aunque tengamos padres que nos llamen por nombres muy cariñosos, hay ocasiones en las que necesitamos algo más. Hay ocasiones en las que las palabras de las personas no son suficientes, cuando no son lo que necesitamos o cuando simplemente no nos hacen sentir mejor. Por eso es tan importante leer constantemente los nombres en las etiquetas que Dios tiene para nosotros. *¿Tiene Dios una etiqueta para mí?* ¡Más te vale creerlo!

Digamos que Dios decide hacer una gran fiesta y tú estás en la lista de los invitados. ¡Imagínate qué clase de fiesta haría Dios! ¿Cuál será el menú? Mejor dicho, ¿qué *no* habrá en el menú? A fin de cuentas, tienes tu propio chef para esta fiesta. ¿Quieres tres platos de macarrones con queso? ¡No hay problema! ¡Enseguida! Pero si esos fideos amarillos son demasiado aburridos, ¿por qué no probar la ensalada *d'endives aux noix et Roquefort* como aperitivo, seguido por un *soufflé au Fromage Raie aux câpres, Pommes vapeur,* y al final un agradable *brioche francés.* (Oye, no tengo idea de lo que acabo de escribir, pero si eres una comensal de caché, tal vez hablé en tu idioma.)

Y ya que el postre es la mejor parte de una comida, Dios decide divertirse un poco con el último plato. Deja chiquito a Charlie con su fábrica de chocolate. Es el país de las maravillas para el amante de los dulces. Hay una habitación con un campo de juego hecho de chocolate donde los invitados pueden ir y dejarse caer por una canal de chocolate, ¡con la lengua afuera! Al lado hay pirámides de galletitas y una fuente de leche que lanza la leche más alto que el agua de la fuente del hotel Bellagio en Las Vegas. ¿Te gusta el helado? Bueno, ponte el abrigo de invierno y entra en la habitación de Esculturas de Helado donde estás rodeada de esculturas de helado hechas a tamaño real. Puedes comer una cucharada de helado con la forma de una jirafa, lamer helado de vainilla en forma de cisne o sentarte en un trineo hecho de chocolate con menta.

Después de comer, ¡llegó la hora de jugar! ¿Te gusta jugar al sol? Bueno, ¡entra al salón El Verano es lo Más Divertido! Ahí encontrarás lagos del tamaño de Texas, playas para los que prefieren la arena, parques de diversiones, bicicletas para montar, botes para navegar, canoas para flotar y tablas de surf. Pero si el verano no es tu estación favorita, escoge entre los otros tres salones: Otoño de Dicha, Invierno de Maravillas y Es Algo Primaveral.

Está bien, estoy divirtiéndome mucho al soñar despierta con una fiesta inventada. ¿Por dónde íbamos? ... Ah, sí. La etiqueta.

Así que llegas a esta fiesta y todo el mundo tiene que ponerse la etiqueta con su nombre. Solo que en esta ocasión tú puedes escoger de una lista de nombres por los que Dios te llama. Demos un vistazo a algunos de esos nombres que Dios nos da en la Biblia. Estos nombres declaran quiénes somos en Cristo. Adelante, lee acerca de algunos nombres que tal vez nunca supiste que tenías.

### «¡Hola! Yo me llamo Segura».

*Los que temen al Señor están seguros. —Proverbios 14:26* (NTV)
*No hay por qué temer la calamidad repentina [...] porque el
Señor es tu seguridad. —Proverbios 3:25-26* (NTV)

*Porque no tenemos un sumo sacerdote [Jesús] incapaz de
compadecerse de nuestras debilidades [...] Así que acerqué-
monos confiadamente al trono de la gracia para recibir misericordia y hallar la gracia que nos ayude en el momento que
más la necesitemos. —Hebreos 4:15-16*

### «¡Hola! Yo me llamo Deleite de Dios».

*El Señor tu Dios está en medio de ti
    como guerrero victorioso.
Se deleitará en ti con gozo,
    te renovará con su amor,
    se alegrará por ti con cantos. —Sofonías 3:17*

### «¡Hola! Yo me llamo Hija de Dios».

*Y ustedes no recibieron un espíritu que de nuevo los esclavice
al miedo, sino el Espíritu que los adopta como hijos y les permite clamar: «¡Abba! ¡Padre!» El Espíritu mismo le asegura
a nuestro espíritu que somos hijos de Dios. —Romanos 8:15-16*

### «¡Hola! Yo me llamo Perdonada».

*Y el hecho de que Dios lo considerara justo no fue sólo para
beneficio de Abraham, sino que quedó escrito también para
nuestro beneficio, porque nos asegura que Dios nos conside-
rará justos a nosotros también si creemos en él, quien levantó
de los muertos a Jesús nuestro Señor. Él fue entregado a la
muerte por causa de nuestros pecados, y resucitado para hacernos justos a los ojos de Dios. —Romanos 4:23-25* (NTV)

*Redefine* [ be·lle·za ]

*Por medio de este hombre Jesús, ustedes tienen el perdón de
sus pecados. —Hechos 13:38b (NTV)*

## Accesorio para la vida
### Valor, saber que somos apreciadas

*¿Has estado últimamente en una joyería Tiffany's? El negocio
de Tiffany's es dejarlo a uno sin aliento. Un mostrador tras otro
lleno de diamantes y joyas que hacen que toda chica se quede
con la boca abierta, para no decir que se babee. Al igual que un
diamante de veinte kilates te deja sin aliento, Dios se queda sin
aliento cada vez que te mira. La manera en que brillan tus ojos
ante un diamante perfecto y puro es la manera en que brillan
los ojos de Dios cuando te mira. Gracias a Jesús, la roca dura
de pecado que te rodeaba fue cincelada y te convirtió en una
de las piedras más preciosas. No importa los errores que hayas
cometido ni cuánta gente te haya dicho que tú no vales nada,
tienes que saber esto: tú eres valiosa para el Creador de las estrellas. ¡Él te ama!*

*Así que si batallas con saber que eres valiosa, vete a la
vidriera de Tiffany's y repítete esto a ti misma: «Soy más importante para Dios que los más bellos diamantes». Y síguelo
diciendo hasta que lo creas.*

Cuando vivimos según los nombres que nuestro Padre celestial nos da, cambia nuestro estilo. A medida que aprendemos
a vernos como Dios nos ve, nos vemos a nosotras mismas con una
autoestima más saludable y un mayor sentido de valor propio.
Dios te mira a ti, su hija preciosa, con un orgullo genuino. De

hecho, apuesto a que si Dios manejara un auto, tu foto estaría en su tablero.

## Una nota de Max

*Dios te ama tal y como eres. Si crees que su amor por ti sería más fuerte si tu fe fuera más fuerte, estás equivocada. Si piensas que su amor sería más profundo si tus pensamientos fueran más profundos, otra vez te equivocaste. No confundas el amor de Dios con el amor que recibes de la gente. El amor de las personas a menudo aumenta con nuestros desempeños y disminuye con los errores. No es así con el amor de Dios. Él te ama tal y como eres.[1]*

## Consejo de belleza
### Di tus nombres

*Una gran manera de contrarrestar nuestros pensamientos negativos sobre nosotras mismas es reemplazarlos con otros positivos.*

*Busca un pedazo de papel o una tarjeta y haz una etiqueta con un versículo de este capítulo, o varias tarjetas con varios versículos si así lo prefieres. Como recordatorios de quién eres realmente puedes poner estas etiquetas en tu habitación o en el espejo de tu baño. Decora una etiqueta, ponle un cordón y*

> *luego cuélgala en el espejo retrovisor de tu auto o métela en tu mochila. Haz lo que sea necesario para recordarte a ti misma los nombres que Dios tiene para ti.*

Espero que luego de leer cuánto Dios te ama, ¡tu tanque de autoestima esté desbordándose! Bueno, hemos hablado de cómo una relación con tu Papá perfecto te da todos los accesorios para la vida que necesitas, así que ahora llegó el momento de exhibir esos accesorios en nuestras relaciones. ¡Hablemos de los chicos!

Capítulo diez

# { Cindy no se conformó }

¿Alguna vez quisiste ser una princesa de Disney? Cuando yo era niña soñaba con vivir en el castillo de Cenicienta en Disney World. Eso fue hasta que por fin pude entrar al castillo y descubrí que solo era un tonto restaurante... En los veranos yo metía mis dos pies en un aro de buceo en la piscina y me hacía la idea de que tenía escamas de sirena como Ariel. Cuando papá se metía en la piscina bailaba con nosotras y cantaba la canción «Eres tú» de La Bella Durmiente. Cada vez que él decía la palabra tú, nos lanzaba al aire. Yo solía caminar con mi máquina de karaoke de juguete y cantaba la famosa canción que Ariel canta bajo el agua «Parte de él».

Aunque nunca hayas soñado con ser una princesa de Disney, algo dentro de todas nosotras quiere que nos traten así. Hay una palabra muy parecida que es la razón número uno del sueño de una princesa: el príncipe. ¡Quién no quiere un príncipe apuesto que nos lleve a caballo hacia la puesta del sol! (Yo, personalmente, le tengo miedo a los caballos, así que me sentiría mejor si manejo hacia la puesta del sol en un auto con techo corredizo. Pero esa soy yo.)

*¿Cómo es tu príncipe perfecto? ¿Cómo te trata él en tus sueños? ¿Cómo trata a los demás y cuáles son algunas de las cualidades que él tendría? Toma un minuto y escribe con qué tipo de hombre quisieras casarte algún día. Luego considera si tu lista coincidiría con la de Dios. ¡Diviértete haciéndolo! Sé creativa, ¡y tan específica como quieras!*

_____

_____

_____

_____

_____

_____

_____

_____

_____

_____

_____

Yo creo que a Dios le encanta que nosotros soñemos. De hecho, creo que soñar es el recordatorio de Dios de que no nos conformemos con menos que lo mejor de él para nuestras vidas. Dios anhela derrochar bendiciones sobre nosotras, sus hijas.

*En él tenemos la redención mediante su sangre, el perdón de nuestros pecados, conforme a las riquezas de la gracia que Dios nos dio en abundancia con toda sabiduría y entendimiento*
*—Efesios 1:7–8*

Dios, nuestro papá celestial, no quiere que nos conformemos con chicos que nos rebajen, que nos hagan sentir incómodas y que nos conviertan en una chica para la cual él no nos creó. ¡Eso no es un príncipe! Un príncipe nos ama como somos, nos desafía a ser mejores personas, tiene integridad, es un líder; y, si es un verdadero príncipe, reconoce a Dios como su Rey.

## La historia de Cindy

Cenicienta —la llamaremos Cindy— no se conformó con alguien inferior. El final del cuento de hadas dice: «Y vivieron felices para siempre» porque Cindy esperó por su príncipe. ¿Alguna vez se escapó Cindy de su habitación del ático para ir a conocer hombres en los clubes o bares del centro de la ciudad? No. ¿Alguna vez le gritó a su malvada madrastra por no dejarla salir con chicos? No. Por el contrario, aceptó humildemente sus tareas y esperó con esperanza, sabiendo que sus sueños se harían realidad. Después de conocer a su hada madrina y de montarse en su limo-calabaza para ir al baile, ¿se acercó al príncipe y le dio sus números (claro, los de su dirección porque no había teléfonos celulares), le pidió bailar y coqueteó con él para que supiera que ella estaba disponible? ¡De ninguna manera! Este príncipe tuvo que arreglárselas para ganar a Cenicienta. *Él* se fijó en ella, *él* la invitó a bailar y luego, después que ella se fue, envió un grupo de rescate a buscarla. ¡Vaya si este hombre sabía cómo buscar su tesoro!

Vamos a detenernos aquí y decir lo que todas estamos pensando: «¡Oye, Cindy estaba hecha!» El príncipe, ¿no se parece mucho a lo que tú anhelas tener un día? Alguien apuesto, noble, respetado, apuesto, estable financieramente (y me refiero a *estable* de verdad), buen bailarín y... ¿ya dije lo de apuesto? Pero una de las mejores cualidades del príncipe era la confianza necesaria para ir tras Cindy. ¿Por qué habríamos de querer un tipo al que tenemos que perseguir? Piénsalo. ¿No queremos un chico que trabaje duro para ganarnos y que haga lo que sea necesario para enamorarnos? A fin de cuentas, si no tiene que hacer ningún esfuerzo para ganarnos, ¿por qué habrá de hacer algún esfuerzo para conservarnos? ¿Quién quiere un tipo haragán que deje de cortejarnos después de conquistarnos? ¿No sería maravilloso tener un hombre que, incluso luego de treinta años de matrimonio, todavía te esté persiguiendo?

## Mi príncipe azul

Conocí a Brett cuando yo tenía dieciocho años. La primera vez que estrechamos las manos mi estómago dio más vueltas que una montaña rusa. Quería nadar en sus brillantes ojos azules. Él era alto, de hombros anchos ¡y tenía las pecas más lindas que yo hubiera visto jamás! Para nuestra primera salida me invitó a ir al planetario. Ya sé lo que puedes estar pensando: ¡Qué tontería! Pero escucha. Brett hizo una cita con el tema de las estrellas. Me compró café de Starbucks, me llevó al Lonestar Café, ¡y hasta me compró unas medias que tenían estrellas! Empezamos a salir juntos más y más hasta que él llamó a mi papá y le pidió permiso para ser mi novio. ¡Eso me dejó boquiabierta! Yo nunca había conocido un chico que hiciera eso. (Eso sí que es anotarse puntos con los padres, ¿verdad?)

Además de su buen sentido del humor, su pasión por Dios y su creatividad, me encantaban las preguntas que me hacía. Eso pudiera sonar raro, así que déjame explicarlo. Antes a mí me parecía que yo siempre era la que les hacía preguntas a los chicos sobre sus vidas, su día, su familia y prácticamente todo lo demás. ¡Pero, ahora, había encontrado un muchacho que *me* preguntaba acerca de mí! Mi vida le interesaba. ¡Era tan refrescante! Pero en aquel entonces fue demasiado refrescante. Eso me asustó. Yo era demasiado joven para haber encontrado a este chico maravilloso con el que podía verme para siempre. Así que me acobardé. Yo quería vivir mi vida, salir con otros chicos en la universidad y trabajar en pro de mi carrera. ¡No podía casarme!

Pero, mientras yo huía de Brett, él corría hacia mí. Me buscaba. Escribió cartas diciéndome que esperaría hasta que yo estuviera lista. Pero no era de una manera extraña ni acosadora. No puso su vida en espera. No andaba alicaído como si su mundo girara a mi alrededor, porque no era así. Él sencillamente esperó por mí, no durante un año, ni dos… ¡sino durante cinco largos años! Sí, ya sé, puedes decirme lo que quieras. Pero sé que Dios nos hizo crecer por separado para que pudiéramos crecer juntos en su tiempo perfecto. Como era de esperarse, el 8/8/08, mi príncipe me propuso matrimonio, ¡y no dudes por un minuto que dije que sí!

Brett fue paciente. Él me buscó. Pero sobre todo, oró. Él confió en que Dios se encargaría de nuestros futuros.

Espera en Dios y ora por el futuro. Quizá Dios quiera sorprenderte con el hombre de tus sueños, pero tal vez quiera derramar sobre ti bendiciones de muchas otras maneras. No todas estamos hechas para casarnos, y no hay problema con eso. Así que nunca fuerces una relación para solo tener un novio. No te conformes con un chico que no sea un príncipe. En cambio, espera en Dios tal y como Brett esperó en Dios por mí. La meta número uno de Dios es acercarte más a él. Él sabe exactamente lo que tu corazón necesita. Entonces, ¿cuál es tu primer paso? Confiar en tu Papá celestial.

## El papá de Cindy y tu papá

Creo que hay un detalle importante en la historia de Cenicienta, un detalle que olvidamos fácilmente, que aparece en la primera escena de la historia. Vemos a Cindy como una niña pequeña con un papá que la quiere mucho. Tristemente, él no vivió mucho tiempo y Cindy se quedó con una madrastra mala. Sin embargo, yo me atrevería a decir que los pocos años con un padre que le dijera que la amaba y que era bella fueron suficientes como para sembrar en su corazón la verdad: «Yo soy valiosa. Me merezco lo mejor».

Está bien, reconozco que acabo de hacerle un psicoanálisis a Cenicienta, pero creo que su historia corresponde con el sueño que tu Papá perfecto tiene para ti. Lee los versículos siguientes para que veas lo que tu Papá celestial quiere de ti.

*Porque yo sé muy bien los planes que tengo para ustedes —afirma el Señor—, planes de bienestar y no de calamidad, a fin de darles un futuro y una esperanza. —Jeremías 29:11*

¡Tenemos un Dios que tiene sueños grandes para nosotros! Entonces, ¿cómo puede afectar este versículo nuestras normas en cuanto a los chicos? Nunca debemos salir con un chico que no encaje en el plan de Dios para nosotras, un plan que es para prosperarnos, un plan para darnos esperanza. Si dejamos que

## Consejo de belleza
### Ropa para las citas

¿La clave para una buena primera cita? Comodidad. Mientras más cómoda te sientas contigo misma, menos incómoda será la noche. Una manera de ayudarte a actuar con comodidad es vestirte cómodamente. No te estoy diciendo que vayas con pantalones para hacer ejercicios, pero he aquí lo que sugiero:

- Ponte algo con lo que te sientas cómoda al sentarte.
- Ponte algo con lo que sea fácil entrar y salir de un auto.
- Ponte algo que no muestre manchas en caso de que algo se vire durante la cena.
- Ponte algo que no muestre las manchas del sudor (los nervios hacen que algunas chicas suden).

¡Mientras menos tengas que pensar en tu ropa, más podrás ser tú misma!

Dios ponga la norma en cuanto a cómo nos deben tratar, entonces tendremos que esperar por un chico que tratará de amarnos y honrarnos de la manera en que lo hace nuestro Papá perfecto. Olvídate del hombre de tus sueños. ¡Espera por el hombre de los sueños de Dios!

Tal vez tú no hayas estado soñando en grande porque el esposo que has visto en tu papá está muy lejos de tu sueño. O tal vez tienes estándares muy altos al observar a tu papá y estás esperando por un chico que sea tan bueno como él.

*¿Cómo tu papá terrenal ha afectado tus normas*
*en cuanto a salir con chicos?*

_____

_____

_____

_____

_____

_____

_____

_____

_____

## LOS CHICOS MALOLIENTES TAMBIÉN VIENEN DE DIOS

Aunque es difícil imaginarlo, a pesar de las medias manchadas de gris, las habitaciones malolientes y los dedos con pelos, el creador de los chicos es el mismo Dios que nos creó a nosotras las chicas. ¡Es verdad! Ellos son hijos de Dios. Y Dios nos pide a nosotras, sus

Redefine [be·lle·za]

hijas, que miremos a sus hijos como él lo hace y que los tratemos con el mismo respeto y amor que nosotras mismas queremos.

Entonces, para honrar a los chicos, tú y yo tenemos que entender el papel que Dios les dio a ellos para ayudarles a ser los mejores hombres que les es posible ser.

Considera las siguientes situaciones y escoge la que mejor honraría a un chico:

1. Descubres que le gustas a este chico, pero él es demasiado tímido como para decírtelo, así que decides hacerlo fácil para él diciéndole que te gusta antes de que él te diga nada a ti.

2. Conoces a este chico que te parece muy buena gente y apuesto, así que empiezas a coquetear con él por mensajes de texto. Así él sabrá que estás interesada en él.

3. Estás enamoradísima de este chico y has oído decir que tal vez tú le gustes a él, pero decides dejar que sea él quien dé el primer paso. Aunque esperar es realmente difícil, crees que este tiempo será provechoso para llegar a conocerlo primero como amigo.

Es importante dejar que el chico te busque para estar segura de que estás atrayendo a un chico confiado y no a un haragán. Como dice mi amigo Chad: «Por mucho que los chicos quieren actuar con confianza, se necesita mucho valor para invitar a salir a una chica. Así que déjennos hacer el trabajo. Estamos fortaleciendo el músculo de la confianza. No es buena idea impedir que los chicos desarrollen los músculos que a fin de cuentas necesitaremos toda la vida».[1]

Nosotras las chicas necesitamos hacer nuestra parte para ayudar a los chicos a aprender a ser hombres, líderes y perseguidores. Si se lo ponemos fácil al hacernos demasiado disponibles (física o emocionalmente), jamás aprenderán cómo crecer.

## No hagas tropezar a un chico

Dios nos pide que no hagamos tropezar a nuestros hermanos. En 1 Corintios 10:32 él nos habla a través de Pablo y dice:
«No hagan tropezar a nadie». Ahora bien, ¿quiere decir eso que
no debemos hacer que un chico tropiece escaleras abajo? No, es
muy probable que a Dios tampoco le entusiasme mucho esa idea.
Lo que significa «no hagan tropezar a nadie» es que nosotras las
chicas tenemos que ser cuidadosas de no hacer que sea fácil que
los chicos nos deseen, nos traten como a un trapo y se alejen de
aquello a lo que Dios les ha llamado a ser. El coqueteo excesivo y
vestirse de una manera provocativa son cosas que hacen que los
corazones de los chicos tropiecen.

Así que ahora toma un momento y piensa en tu reputación con
los chicos. ¿Eres tú la chica que les gusta a todos los chicos pero
que no pueden tener? ¿Eres la que es cruel con los chicos? ¿Eres
la chica que le dice «sí» a cualquier muchacho y ahora constantemente te están invitando a salir? ¿Eres tú la chica que es amable
con todos pero misteriosa para los chicos? ¿Eres tú la chica que se
cansa de solo ser amiga de los varones y se ve tentada a esforzarse
más para que se fijen en ella?

Retrocede y piensa en cómo actúas alrededor de los chicos,
cómo te ves cuando estás con ellos y cómo hablas con ellos. Pregúntate si la manera en que te comportas alrededor de los chicos
pudiera hacerlos tropezar o hacer que sus pensamientos divaguen
a lugares adonde no deben ir. ¿Los estás ayudando a fomentar su
músculo de confianza o estás haciendo las relaciones demasiado
fáciles para ellos? Si ves a los chicos como Dios quieres que los
mires, como hijos de él, tus relaciones con ellos serán completamente nuevas y mucho más saludables.

Nosotras las chicas necesitamos estar conscientes de lo que
nos ponemos y de cómo coqueteamos o interactuamos con los

*Redefine* [ be·lle·za ]

chicos. Espero que esta nueva comprensión nos lleve a redefinir nuestro estilo, ya sea en cuanto a la moda o en cuanto a nuestro estilo interior. Escoger usar ropa modesta, hablar de cosas que sean limpias y edificantes, dejar que los chicos tomen la iniciativa, todas estas acciones pueden ayudar a los chicos a convertirse

## Accesorio para la vida
### Autocontrol para tomar buenas decisiones

*El autocontrol puede usarse en todos los aspectos de nuestras vidas. Ya sea como freno para no irnos de la presencia de nuestros padres enojados o para no tirarle la puerta a nuestra hermana. Pero seamos realmente honestas. Nuestras relaciones con los chicos por lo general requieren un mayor autocontrol.*

*Las hormonas desenfrenadas causan bastantes problemas. Yo sé lo que se siente al tener todas esas hormonas locas y sentimientos por una persona. ¡¿Y se supone que los ignoremos?!*

*Cubrirnos en oración a nosotras mismas para tener autocontrol no va a quitar las hormonas. Lo siento, pero no ocurrirá. Pero sí nos ayudará a tomar buenas decisiones. Nos ayudará a evitar situaciones que pudieran comprometer nuestras normas y que complican nuestro problema con las hormonas. Nos ayudará a evitar hacer cosas que luego lamentaremos ¡y cosas que nuestros esposos lamentarán! ¿Te acuerdas del príncipe perfecto del cual escribiste? Puede que esté por ahí, esperando por ti, y no hay nada más bello para el Príncipe Azul que una princesa quien, en algún momento de su vida se detuvo y dijo: «¿Sabes una cosa? Voy a proteger mi corazón y mi cuerpo por mi Dios, por mi futuro príncipe y por mí misma».*

en verdaderos príncipes y ayudarnos a ser las princesas, el tesoro inapreciable que vale la pena perseguir. Pero nada de esto sucederá si ambos no conocen y obedecen a Dios como su Papá.

## Coronas en lugar de payasos

Por ahí hay muchos idiotas con aires de realeza. Así que para ayudar a una hermana, quiero ayudarte a saber cuándo un chico es un verdadero príncipe.

Un verdadero príncipe modela su vida según el Rey de todos los reyes, Dios mismo. De manera que cada vez que te preguntes si un chico va a tener un carácter encantador, pregúntate: «¿Me trata como me trataría mi Padre celestial?» Olvídate de preguntarles a las amigas, ni de ver las relaciones de Hollywood ni de buscarlo en el Internet. ¡La prueba de «¿Será un príncipe este chico?» está en la Biblia! Uno de los mejores lugares para descubrir si un muchacho te tratará bien, está en 1 Corintios 13:4-7:

*El amor es paciente, es bondadoso. El amor no es envidioso ni jactancioso ni orgulloso. No se comporta con rudeza, no es egoísta, no se enoja fácilmente, no guarda rencor. El amor no se deleita en la maldad sino que se regocija con la verdad. Todo lo disculpa, todo lo cree, todo lo espera, todo lo soporta.*

Este pasaje describe cómo Dios nos ama pero yo creo que también es útil para usarlo como una norma cuando estamos considerando una posible relación, cuando estamos enamoradas de un chico y cuando estamos saliendo con algún muchacho. ¿Encontraremos un chico tan perfecto como Dios? ¡No! ¡No existe tal cosa! Pero nuestro Padre perfecto da el ejemplo perfecto de cómo es el verdadero amor, así que nuestra función es usarlo a él como la medida de cómo amar y ser amadas.

*Redefine* [ be·lle·za ]

## Una nota de Max

*Cuando Jenna tenía cinco años, dos chicos de diez años se le acercaron en el bus escolar, la miraron con el ceño fruncido y le exigieron que se corriera.*

*Cuando yo regresé a casa del trabajo ella me lo contó. «Yo quería llorar, pero no lloré. Solo me quedé ahí sentada, con miedo».*

*Mi impulso inmediato fue averiguar los nombres de los chicos y darles un puñetazo a los padres en la nariz, pero no lo hice. Hice lo más importante. Senté a mi niña en mis piernas y dejé que se perdiera entre mis brazos y le dije que no se preocupara por esos bravucones, que su papá estaba aquí y que me aseguraría que si algún sinvergüenza se acercaba alguna vez a mi princesa, ellos responderían por su vida, sí señor.*

*Y eso fue suficiente para Jenna.*[2]

Dios, sin dudas, se interesa por la manera en que miramos a los chicos y cómo ellos nos miran a nosotras. Deja que él sea el ejemplo de cómo mirar a los chicos y cómo ser miradas por ellos. El plan de Dios para nuestras relaciones con los chicos, que produce menos drama y menos dolor de cabeza, es mucho más bello que el del mundo. Así que pídele consejo a Dios en cuanto a los chicos. A fin de cuentas, para eso está un papá.

Vamos a concluir este capítulo en oración:

*Dios, gracias por ser mi papá. Y ya que eres mi papá, te pido que redefinas mi estilo. Ayúdame a ver a los chicos como tú quieres* que los vea. Que pueda yo verlos como tu creación. Dame la gracia para centrar mis relaciones en ti. Dame paciencia para esperar por lo mejor de ti para mi vida.

Capítulo once

# { Una amistad profunda }

Raquel era mi mejor amiga cuando yo era niña. Durante horas jugábamos en nuestro mundo de Raquel y Jenna. Algunos días éramos maestras y transformábamos mi habitación en un aula. Otros días nos deslizábamos por las escaleras en nuestras bolsas de dormir, pero una de nuestras cosas favoritas siempre fue jugar con las muñecas Barbies. Éramos arquitectas Barbie, construíamos ciudades completas y mansiones para las Barbies, y usábamos el único material de construcción que teníamos: libros. Apilábamos libros, los abríamos, los apoyábamos, hacíamos lo que fuera necesario para hacer la casa o el edificio que queríamos para Barbie. La «casa de los sueños de Barbie» no nos daba ninguna envidia (¡aunque en secreto ambas queríamos tener una!). Nos demorábamos tres horas en preparar el escenario para nuestras Barbies. Una vez que creábamos el marco apropiado, comenzaba la historia de Barbie. Los guiones que creábamos para nuestras Barbies parecían novelas de televisión. Recuerdo una vez cuando la Barbie de Raquel se murió de cáncer, ¡y, literalmente, las dos comenzamos a llorar! Me parece que estábamos un poquito obsesionadas con las Barbies. Bueno… tal vez más que un poquito.

Raquel y yo teníamos nuestras altas y bajas, pero una cosa que me encantaba de ella y que todavía me encanta es que no importa cuánto tiempo haya pasado desde la última vez que hablamos, siempre podemos comenzar donde mismo terminamos. Y siempre que estoy con ella siento plena libertad para ser yo misma. Ella me conoce muy bien y me quiere a pesar de mis defectos. No tengo que impresionarla. Hasta puedo hurgarme la nariz frente a ella, ¡y todavía me quiere!

*¿Tienes una mejor amiga? ¿Por qué esa persona es tu mejor amiga? ¿Cuáles son algunas de las cualidades favoritas de esa amiga? Si ahora mismo no tienes una amiga íntima, ¿cuáles son algunas de las características que esperas encontrar en una amiga?*

_____

_____

_____

_____

_____

_____

_____

_____

Redefine [ be·lle·za ]

Dios quiere ser parte de nuestras amistades. Él sabe por experiencia lo que se siente al querer amigos. ¿No me crees? Piensa en los apóstoles. Jesús sabía que necesitaría una pequeña comunidad de hombres con los cuales andar, para animarlos y para que ellos lo animaran, para quererlos y para que ellos lo quisieran. Y él quiere lo mismo para nosotros. Dios quiere ver a sus hijas rodeadas de amigas que nos ayuden a convertirnos en lo mejor que podamos ser, y quiere usarnos en las vidas de nuestras amigas. Él quiere mejorar tus amistades. Pero, ¿cómo? Bueno, redefiniendo la manera en que vemos las amistades.

## Debajo del mar

¿Alguna vez has ido a la playa y has jugado en el océano? Si eres como yo, tal vez te asuste un poco el mundo submarino, profundo y sin fin. Debe haber alguna razón por la cual cada vez que meto un dedo en el océano, automáticamente se dispare una alarma en mi cabeza. No es una alarma típica. Es una sirena de aviso que estalla con la música de la película *El tiburón sangriento*.

Mi familia, por otra parte, es todo lo contrario. Cada vez que nos vamos de vacaciones a la playa, todos quieren ir a bucear (bueno, menos mi mamá que disfruta vernos desde lejos mientras sorbe un batido frío y se dora las piernas). Por lo general yo quiero quedarme con mamá pero en un par de ocasiones he encarado al temor y le he dicho: "¡Hoy no me vas a quitar la diversión!" Por lo general funciona. Pruébalo alguna vez.

La primera vez que yo buceé en lo hondo, en el agua de «niñas grandes» (así es como yo le llamo porque tengo que ponerme mi valentía de niña grande), me di cuenta de cuánto me había perdido por quedarme en el agua poco profunda. Cuando uno profundiza en el océano, ve un mundo completamente nuevo y bello. Hay arrecifes de un blanco perlado y peces vestidos de todo tipo de colores verde, naranja y amarillo fosforescente. Hasta las resbalosas algas parecen brillar. Recuerdo que pensé, mientras buceaba con un ojo alerta por los tiburones, *¡bueno, si nunca hubiera pasado de la playa poco profunda, nunca hubiera descubierto las maravillas de las aguas profundas!*

Lo mismo sucede cuando tú y yo dejamos que Dios lleve nuestras relaciones de lo superficial a lo profundo, de lo sencillo a lo maravilloso, de lo ordinario a lo emocionante. ¿Cómo? Bueno, cuando dejamos que Dios sea nuestro Padre, él nos ayuda a ver las amistades como él quiere que sean: alentadoras, afectuosas y que edifiquen la vida.

**Una nota de Max**

*Una devoción que preserve la amistad no puede encontrarse en nuestros corazones. Necesitamos ayuda de una fuente externa.[1]*

## Mirar a los amigos con los ojos de Dios

En la Biblia, nuestro papá perfecto nos da consejos sobre la amistad mediante una bella historia acerca de dos muchachos cuyos nombres eran Jonatán y David. Si te interesa leer la historia completa, lee 1 Samuel 18-20.

Es muy probable que la mayoría de las personas sepan quién es David, el famoso rey de Israel del Antiguo Testamento. Jonatán, su mejor amigo, por lo general no recibe tanta atención, pero lo cierto es que de no haber sido por Jonatán, David nunca habría vivido lo suficiente como para ser rey. ¡En la vida de David hubo más drama que el que hayan tenido jamás mis Barbies y las de Raquel! Piensa solo en este escándalo:

El rey Saúl, padre de Jonatán, se puso celoso de la popularidad de David y veía a David como una amenaza a su trono. Así que Saúl decidió matar a David. ¿Te imaginas? David no había hecho nada más que ayudar al rey a ganar las batallas y matar a su archienemigo, Goliat; no obstante, Saúl decidió matar a David porque su cara estaba en la portada de *Hoy en Israel* (una revista muy popular en aquella época que tal vez yo inventé o no) y Saúl no estaba.

Esto no es tan diferente a las luchas por la popularidad que ocurren hoy en cualquier escuela del país. La gente hace algo malpensado o ve a otra persona hacer algo egoísta para ganar popularidad. Los chismes y la traición se cuelan en los vestidores y surgen en las aulas, pero espero que nunca hayas visto a nadie tratar de matar a otra persona por popularidad. Aunque es lamentable, esto es precisamente lo que sucede en nuestra historia. Esta es la película Chicas Pesadas multiplicada por cien.

El héroe olvidado de la historia es Jonatán, que no se parecía en nada a su padre Saúl. Él vio el corazón malvado de su papá y decidió salvar la vida de David. ¿Te parece que James Bond es muy astuto? ¡Piénsalo mejor! Jonatán, que es alguien de toda confianza, sale furtivamente para advertirle a David que su padre estaba tramando matarle. Jonatán arriesgó su vida por su amigo.

¿Tienes un Jonatán en tu vida? ¿Eres tú un Jonatán para otra persona? Toma un instante para pensar en el sacrificio que ofreció Jonatán por amor a David y compáralo con tus propias amistades. Espero que al menos tengas una amistad que sea así de sacrificada.

## Una nota de Max

*Toda persona tiene una necesidad extrema de tener por lo menos un amigo o compañero fiel que les mire de frente y les diga: «Yo nunca te dejaré. Quizá envejezcas y te salgan canas, pero yo nunca te dejaré. Tal vez tu cara se arrugue y tu cuerpo se deteriore, pero yo nunca te dejaré. Los años pueden ser crueles y los tiempos difíciles, pero yo estaré a tu lado. Nunca te dejaré».*

*Piensa un momento en las personas de tu mundo. ¿Qué piensan de tu compromiso con ellas? ¿Alguna vez vacila tu lealtad? ¿Tienes alguna persona con quien tu contrato es «no negociable»?*

*Una vez dos amigos estaban peleando en una guerra. El combate era violento y se estaban perdiendo muchas vidas. Hirieron a uno de los dos jóvenes soldados y no podía regresar a la trinchera, pero el otro fue a buscarlo en contra de las órdenes de su oficial. Regresó herido de muerte y su amigo, a quien él había cargado, estaba muerto.*

*El oficial miró al soldado moribundo, movió la cabeza y dijo: «No valía la pena».*

*El joven, que escuchó el comentario, sonrió y dijo: «Sí valió la pena, señor, porque cuando yo llegué junto a él, él me dijo: 'Daniel, yo sabía que vendrías'».*

*Aprovecha al máximo tus relaciones. Sigue el consejo de Benjamin Franklin: «Sé lento para escoger los amigos y todavía más lento para abandonarlos».* [2]

*Redefine* [ be·lle·za ]

Con la historia de David vienen a la mente tres palabras, y Dios nos da estas palabras para que podamos evaluar la calidad de nuestras amistades: *afectuosas, sacrificadas, espirituales.* Úsalas para definir cómo es una amistad bella.

*Afectuosa.* Fácilmente Jonatán podía haberse puesto celoso del atractivo, popular y talentoso David. Pero la Biblia dice que Jonatán amaba a David como a sí mismo (1 Samuel 20:17), así que puso a David en primer lugar. Sin embargo, a veces nos ponemos a competir con nuestras amigas. De vez en cuando podemos sentir un poco de celos porque ellas reciben la atención que a nosotros nos gustaría tener. Cada vez que un pensamiento celoso o competitivo entre a nuestras mentes, necesitamos recordar por qué nuestra amiga es nuestra amiga. Esperemos que sea porque le amamos y por lo tanto deseamos lo mejor para ella. Ese tipo de amor implica celebrar con ella las cosas buenas que sucedan en su vida. De la misma manera una buena amiga nos muestra ese mismo tipo de amor cuando las cosas nos van bien a nosotras. He aprendido que me ahorro mucho estrés y trauma emocional cuando escojo alegrarme por mis amigas en lugar de sentir envidia.

*Sacrificada.* A veces tenemos que dar y quitar en una relación. Renunciar a algo para agradar a una amiga es un verdadero sacrificio. En este caso Jonatán arriesgó su vida por David. En nuestras vidas el sacrificio pudiera significar comer en cualquier otro lugar que no sea nuestro restaurante favorito porque sabemos que a nuestra amiga no le gusta. O tal vez signifique renunciar a esa película que realmente queríamos ver porque nuestra amiga necesita de alguien que la escuche. Los sacrificios le muestran a nuestra amiga que ella es una prioridad y que es verdaderamente importante para nosotros. Y recuerda, una verdadera amiga devolverá el favor.

*Espiritual.* Cuando Jonatán escondió a David de la ira de su padre, se le ocurrió un plan para advertirle a David si Saúl decidía matarlo. Mientras le contaba el plan a David le dijo: «¡Que el Señor sea siempre testigo del juramento que tú y yo nos hemos hecho!» (1 Samuel 20:23). Jonatán incluyó a Dios en su plan y en su relación con David. Ellos no dudaron en mencionar el nombre de Dios cuando estaban juntos. Pero, ¿somos nosotras como Jonatán y David? ¿Florece nuestra fe en nuestras relaciones? ¿O tenemos muchas relaciones en las que tememos hablar de nuestra fe? La relación de David y Jonatán estaba centrada en Dios. ¿En qué se centran nuestras amistades? ¿Se centran en chismes, los chicos y la moda? ¿Son un drama constante? ¿O se basan en cosas realmente importantes? El asunto es este: Cuando podemos hablar de Dios con una amistad, estaremos buceando en la parte profunda del océano. Nuestros corazones se relacionan en un nivel tan profundo que se vuelve emocionante, alentador y significativo. A las verdaderas amigas les encanta que amemos a Dios.

## Amistades de moda

Yo tuve una amiga en la secundaria cuyos padres se divorciaron. Todo el mundo la quería pero a sus espaldas bromeaban porque decían que era una esnob. En aquella época yo pensaba que ella era cursi simplemente porque era así. Pero ahora, al recordarlo, creo que sé exactamente por qué hacía alarde de su ropa de marca y se vanagloriaba cada vez que hacía salidas a comprar. Mira, ella vivía con su mamá; pero su papá, un hombre muy rico, le daba prácticamente todo lo que quería. Tal vez esa era su manera de quererla, su manera de compensar su ausencia en la vida de ella. Él le compraba cosas. Pudiera ser también que su mamá, al sentirse culpable por el divorcio, compensara el dolor de su hija con regalos. Aunque ella y yo teníamos cierto grado de cercanía, me traicionó para alcanzar un estatus de moda con cierto grupo de chicas populares. Ya que su papá la quería mediante dinero y regalos superficiales, quizá ella veía a las amigas como otro accesorio de moda que podría llenar su vacío corazón.

*¿Qué tipo de amiga eres tú?*

_____

_____

_____

_____

_____

_____

_____

_____

## Trauma con el drama

Dios puede ayudarnos a nosotras, las chicas, a dejar el drama. Créeme, el drama no es un buen estilo. Las personas que se rodean de drama, o lo crean, no les resultan bellas a los demás. Más que nada les parecen fastidiosas. Lo sé porque he visto a esta gente fastidiosa... y yo he sido una de esta gente fastidiosa.

Dios anhela vernos en amistades que nos exhorten a dar lo mejor de nosotras en el ámbito espiritual y emocional, y que nos enseñen no solo a amar de manera desinteresada y sacrificada sino también cómo ser amadas. Si nuestras amistades no tienen esas cualidades, hagamos una pausa y preguntémonos por qué. Tal vez Dios nos esté empujando a buscar amigas con quienes podamos ser nosotras mismas. Quizá Dios nos esté pidiendo que nos esforcemos más como amigas. Tal vez necesitemos profundizar más en nuestras relaciones que son saludables pero superficiales. Asegurémonos de escuchar lo que nuestro Papá quiere

## Accesorio para la vida
### Paz, al creer que Dios tiene el control

*¿Quieres que te cuente un gran secreto? ¡A mí me encanta el drama! ¡De veras! Creo que es complejo, emocionante e interesante a la hora de resolverlo. ¿Por qué crees tú que la televisión atrae tanto? ¡Es un programa dramático tras otro! El drama constituye una buena historia y a mí me encantan las buenas historias. Muy dentro de nosotros, aunque decimos que lo detestamos, por lo general tenemos un lado un poquito travieso al que le encanta una buena reacción de drama. Entonces, ¿qué cree Dios del drama? No hay un versículo que diga: «No serás una reina del drama». Pero él sí dice que el drama solo lleva a una vida destructiva. Si quieres una vida larga y saludable, busca la paz. «En efecto, el que quiera amar la vida y gozar de días felices, que refrene su lengua de hablar el mal y sus labios de proferir engaños; que se aparte del mal y haga el bien; que busque la paz y la siga» (1 Pedro 3:10-11). En el momento el drama puede parecer interesante, pero la paz es lo que se recordará.*

*Redefine* [ be·lle·za ]

decirnos. ¡A él le importa! Y si lo dejamos, él llenará nuestras vidas de relaciones saludables desde el punto de vista emocional y también estimulantes, y dejaremos el drama para los programas de televisión.

Dios quiere ser el Papá al que corramos cuando nuestras amistades nos produzcan estrés. Tal vez este sea un buen momento para tomar todo lo que hemos hablado y pedirle a Dios que nos ayude a ver nuestras amistades como él quiere que las veamos.

*Padre, te pido que me ayudes a ser una buena amiga para otros. Dame sabiduría para escoger amigas que me animen y que me quieran por quién soy realmente. Dame una perspectiva fresca acerca de cómo debe ser mi relación con los demás. Te pido que mis amistades estén centradas en ti. Amén.*

Capítulo doce

# { Gente

## que respira }

*L*a verdadera belleza no aparece simplemente cuando queremos. No solo está presente para ayudarnos a atrapar al Príncipe Azul ni para beneficiar nuestras amistades. Dios nos ha hecho bellas por muchas otras razones. Y necesitamos mostrar esa belleza por… bueno… para la gente que respira. Y eso prácticamente abarca a todo el mundo.

Pero, antes de que comiences a poner los ojos en blanco, preguntándote por qué tienes que respetar al director de tu escuela que es como un sargento de instrucción, o ser amable con el chico raro que te escribe poemas, aquí tienes algunas razones por la que dejar que nuestra belleza brille es para nuestro bien:

- *Le da gloria a Dios.*

- *Les da alegría a otros.*

- *Trae bendiciones interminables a nuestras vidas.*

Hablamos antes del papá de mi amiga Ana y de cómo él no se quejaba de sus jefes y siempre mostraba respeto. Bueno, ¿y eso qué importancia tiene?

## La historia de Ana

Pregúntale a Ana cuál era su pasión en la secundaria y sin dudarlo ella anunciará audazmente que el voleibol era su vida. Ella leía libros al respecto. Llegaba temprano a las prácticas y se quedaba hasta tarde. ¡Hasta soñaba con el voleibol! Pero me dijo que más importante que aprender a hacer un saque con salto flotante o salvar una pelota, la clave para el éxito fue lo que le enseñó la relación con su entrenador acerca de por qué respetar la autoridad.

El asunto es que Ana no siempre había escuchado a su entrenador. Ella no siempre había pensado que eso de «obedecer a nuestros líderes» era *tan* importante. Esta es su historia:

*Durante el verano antes del décimo grado mi meta era llegar al equipo de competencias como alumna de décimo grado. Aquella pasión ardía tanto dentro de mí que era lo único en lo que pensaba. En aquellos meses de verano mi entrenador me animó a ir junto con el equipo de competencias a los campamentos de veranos a los que ellos iban. Me fue bien compitiendo contra chicas mayores y cuando comenzaron nuestros entrenamientos de temporada pensé que de seguro mi nombre estaría en la lista del equipo de competencias.*

*Un viernes, a mitad de nuestro último entrenamiento, de las dos prácticas diarias, el entrenador puso en la tablilla los equipos de competencia y de reserva. Rápidamente mis ojos* recorrieron la lista del equipo de competencia... «Ana Crosby ... Ana Crosby ... ¿Dónde está Ana Crosby?» Como era de esperarse, encontré mi nombre en el equipo de reserva... estaba devastada.

¡Al momento me sentí enojada y ofendida! Salí furiosa de la cancha, aguantando las lágrimas de ira, y me escondí en un pasillo. Allí me quedé sentada, sufriendo por mis «tontos entrenadores» que me habían hecho esto y, entonces, consideré renunciar del todo. Al final una compañera del equipo me encontró y me arrastró de nuevo al entrenamiento. Durante el resto del entrenamiento fui holgazana, egoísta y descortés. ¡Es vergonzoso recordar mi actitud ahora que pienso en aquel día! ¡Era como si yo pensara que siendo irrespetuosa podría hacer que mi entrenador cambiara de idea!

Ese fin de semana pasé mucho tiempo sola en mi habitación pensando qué había hecho mal. Los campamentos de verano parecían haber ido tan bien. Poco a poco comencé a recordar varias ocasiones durante los meses anteriores en las que mis entrenadores me habían dado instrucciones específicas sobre mis habilidades o trabajo de las piernas, y yo sabía dentro de mí que no había seguido sus instrucciones. No había escuchado ninguno de sus consejos. Yo tenía un gran problema de orgullo que estaba influyendo en la manera en que yo reaccionaba a su autoridad. Me cayó como un cubo de hielo y hubiera deseado poder rehacer los tres meses anteriores de mi vida. Ya que no podía cambiar el pasado, cambiaría el futuro, y a partir de ese momento fui una jugadora diferente.

Llegaba temprano a los entrenamientos y me quedaba hasta tarde para poder hacer más repeticiones. Leía libros de psicología deportiva, y hasta me encantaba la parte del entrenamiento que todo el mundo detestaba... el calentamiento. Más que nada, deseaba ardientemente cualquier atención que pudiera obtener de la autoridad de mi vida que más podía ayudarme: mi entrenador. *Cuando él hablaba, yo escuchaba. Cuando él decía correr, yo corría a toda velocidad. Confiaba en él para lograr mis metas. Mi definición de autoridad comenzó a cambiar. Por fin entendí que si obedecía a mi entrenador, entonces sobresaldría porque él sabía más del juego.*

*En sentido general la palabra autoridad siempre había significado reglas, directrices y consecuencias. Pero ahora, bajo esta nueva perspectiva, autoridad significaba oportunidad, sabiduría y triunfo. Yo quería autoridad, necesitaba autoridad, ¡para ayudarme a ser lo mejor que pudiera ser! A mediados de la temporada mis entrenadores estaban encantados con el cambio que veían en mí y decidieron que compartiera el tiempo entre el equipo de reserva y el equipo de competencias. En onceno grado llegué a ser miembro del equipo de competencias y en mi duodécimo grado fui la capitana del equipo.*

*Le atribuyo a mi papá mi capacidad para aprender estas lecciones. Él me enseñó a tener una ética sólida de trabajo y aceptar la responsabilidad. Sobre todo, él me enseñó que nuestras actitudes y acciones con respecto a la autoridad son un reflejo de cómo respondemos a la autoridad de Dios. He aprendido que cuando respetamos a la autoridad, una porción de ese respeto regresa a nosotras de parte de otros. Las cosas buenas regresan… ¡recompensas! Y todos los días veo esta verdad en el respeto que las personas le muestran a mi papá.*

## Medallas de oro y Madonna

Gracias a su papá, cambió toda la comprensión que Ana tenía acerca de la autoridad. En lugar de no prestar atención a la autoridad, ella reconoció los beneficios que venían de escuchar los consejos y seguirlos. Si no tienes un buen ejemplo de respeto

*Redefine* [ be·lle·za ]

en tu casa, entonces permite que Dios te enseñe cómo actuar en presencia de adultos y líderes.

Lee estos versículos que aparecen debajo para ver cómo Dios quiere que actuemos en la presencia de los adultos.

> *Sométanse por causa del Señor a toda autoridad humana.*
> —1 Pedro 2:13

> *Criados, sométanse con todo respeto a sus amos, no sólo a los buenos y comprensivos sino también a los insoportables. Porque es digno de elogio que, por sentido de responsabilidad delante de Dios, se soporten las penalidades, aun sufriendo injustamente.* —1 Pedro 2:18-19

Quizá después de leer estos versículos reacciones como reaccioné yo cuando los leí por primera vez: *¿Por qué quiere Dios que respetemos a un hombre o una mujer que sea insoportable o injusto? ¡Eso no es justo!*

Hace unos años tuve el privilegio de trabajar con Laura Wilkinson, una clavadista olímpica. Ella representó a los Estados Unidos en los juegos del año 2000 en Sidney y ganó una medalla de oro en clavado. Pero no puedo hablar de Laura sin mencionar su amor por Jesús. Cada vez que ella hace clavado lo hace por él. Durante las olimpiadas de Beijing, en 2008, un locutor tras otro comentó su carácter impresionante. Siempre me he sonreído ante la idea de nadar con Laura en la piscina del barrio y ver a un chico tras otro saltar a la piscina en forma de ovillo... hasta que Laura se suba al trampolín.

Trata de meterte en mi cabeza, en mis pensamientos (sé que esa idea asusta). Imagínate estar conmigo y con Laura en la piscina del barrio en un día de verano. Le suplicamos a Laura que nos muestre cómo hacer ese salto de giros y vueltas (no creo que ese sea el nombre técnico) que le vimos hacer en la televisión. Después de mucho insistirle, ella por fin cede. Pero mientras camina hacia el trampolín más alto, el salvavidas la detiene.

—Lo siento, señora, pero ese trampolín alto está reservado para nuestro equipo de natación. Ellos están adecuadamente entrenados para usar un trampolín alto. Usted tendrá que usar el trampolín regular.

—No, usted no comprende —le contesta ella—. Yo estoy entrenada adecuadamente. Soy clavadista olímpica.

—Sí, y yo soy Madona —le contesta el salvavidas con un tono sarcástico de incredulidad.

¿Te imaginas la frustración de Laura? ¡Si el salvavidas supiera quién es ella! ¡Diciéndole a una clavadista olímpica que no está entrenada de manera adecuada para usar el trampolín alto! ¡Qué atrevimiento! Pero qué escena tan aleccionadora.

¿Alguna vez alguien ha subestimado tus talentos? Es algo que nos baja los humos. No se me ocurre nadie que haya sido más subestimado que Dios. Y él lo enfrentó con una hermosa humildad. Imagina pasar de una vida en el cielo, donde todo es glorioso, tranquilo y bello, ¡a vivir en la tierra con axilas sudorosas, articulaciones que duelen y gente malhumorada! Jesús pasó de crear a los reyes que tenían el poder a obedecerles. Él comprendió la humildad de una manera mucho más completa de lo que nosotros la entenderemos jamás. Pasó de ser *la* autoridad a servir *a* las autoridades. No hay dudas de que su ejemplo puede transformar nuestra perspectiva sobre la obediencia y el respeto.

Si Dios mismo respetó a las autoridades en la tierra, entonces tú y yo también debemos hacerlo; y en comparación con lo que le tocó hacer a Jesús, para ti y para mí es fácil cuando se trata de someterse. Una de las cualidades más grandes que Dios recompensa es la humildad, y si hay alguien que sabe algo de humildad es Jesús.

Redefine [ be·lle·za ]

*¿Sabes qué es lo mejor de la venida de Cristo? ¿Sabes cuál es la parte más notable del tiempo de Jesús en la tierra?*

*No es solo que él haya cambiado la eternidad por almanaques.*

*No es que aquel que jugó canicas con las estrellas renunciara a eso para jugar a las canicas con canicas.*

*No es que él, en un instante, pasara de no necesitar nada a necesitar aire, comida y una tina con agua caliente y sales para sus pies cansados y, sobre todo, que necesitara a alguien, cualquier persona, que estuviera más preocupada por dónde pasaría él la eternidad que por dónde gasta el cheque de sueldo el viernes.*

*No es que se negara a defenderse a sí mismo cuando lo culparon por cada pecado de cada persona que haya vivido jamás.*

*Ni tan siquiera que después de tres días en un hoyo oscuro saliera al amanecer del día de resurrección con una sonrisa y una pregunta para Lucifer: «¿Es ese tu mejor golpe?»*

*Eso es bueno, increíblemente bueno.*

*Pero, ¿quieres saber lo mejor acerca de Aquel que renunció a la corona del cielo por una corona de espinas?*

*Él lo hizo por ti. Solo por ti.*[1]

## GENTE QUE RESPIRA Y QUE TIENE NUESTRO ADN

Entonces, debido a lo que Cristo ha hecho por nosotros y mediante nosotros, él puede ofrecernos gracia para mostrarla al maestro

*Siempre que las chicas puedan establecer y cumplir con ciertas reglas con las que todo el mundo se sienta cómodo, ¡compartir los armarios puede ser buenísimo! Analízalo; si tú y tu hermana usan la misma talla, son dos juegos de zapatos, dos juegos de ropa y dos juegos de accesorios! A continuación algunas instrucciones útiles:*

• *No tomes sin pedirlo.*

• *Reemplaza cualquier cosa que se dañe.*

• *Debes estar tan dispuesta a prestar como a pedir prestado.*

difícil, al vecino quejoso o incluso al salvavidas altanero. Pero, ¿y qué de la gente que tenemos más cerca de casa? ¿O en algunos casos, en nuestra casa? La familia. La gente con nuestro ADN.

Los hermanos son fastidiosos. Ya está. Lo dije.

A veces es difícil amar a tus hermanas y hermanos, ¿verdad? Yo crecí con dos hermanas menores, así que no puedo identificarme con ustedes las chicas que tienen hermanos, pero permítanme decirles cuánto las respeto.

Sin embargo, sí sé mucho de cuánto pueden pelear las hermanas. Había dos cosas por las que mis hermanas y yo peleábamos más: el asiento en el auto junto al chofer y los armarios. Peleábamos tanto por quién se sentaría en el asiento del frente para ir a la escuela que papá tuvo que inventar una regla: Andrea se sentaba al frente en los días impares y yo en los pares. Además, semanalmente teníamos catástrofes por los armarios. Si Andrea tomaba una blusa de mi clóset sin pedírmela, de acuerdo a mi reacción ¡podías pensar que me había arrancado una pierna! ¡Cómo se atrevía a tocar mis preciadas posesiones! (Me encanta pensar cómo era que mamá me compraba todo y, sin embargo, yo decía que todo era «mío».)

¿Peleas mucho con tus hermanos o se llevan bastante bien? Pelear con los hermanos de vez en cuando es normal, pero si la relación es más bien una rivalidad interminable, para y pregúntate por qué. ¿Qué puedes hacer para cambiar eso?

Sé que respetar a los familiares a veces puede parecer una tarea imposible, pero esta verdad pudiera ayudarnos: necesitamos recordar que nuestro Papá celestial es también el Papá de nuestros hermanos y de nuestros padres. Así que cuando estés lista para arrancarle de raíz el cabello a tu hermana o para darle una patada a tu hermano en la barbilla, piensa en esto:

*Pero entre ustedes no debe ser así. Al contrario, el que quiera hacerse grande entre ustedes deberá ser su servidor, y el que quiera ser el primero deberá ser esclavo de los demás; así como el Hijo del hombre no vino para que le sirvan, sino para servir y para dar su vida en rescate por muchos. —Mateo 20:26–28*

Todos queremos ser grandes, ¿verdad? Bueno, ¿qué dice este versículo que tenemos que hacer para llegar a ser grandes? ¡Tenemos que actuar humildemente! ¡Tenemos que servir!

Dios quiere que miremos a nuestra familia y a todos los adultos de nuestra vida (sí, hasta los malos) con ojos humildes. Quiere que veamos esas relaciones como una oportunidad para amar a otros tal y como él nos ama a nosotros. Así que si eso significa disculparte con tu hermano o hermana antes de que él o ella se disculpen contigo, inténtalo. Si eso significa salir de la habitación antes de que explotes otra vez con tu mamá, hazlo de manera respetuosa.

*Piensa en otras maneras en las que puedes mostrar*
*humildad en casa, y luego anótalas aquí:*

_____

_____

_____

_____

_____

_____

_____

_____

_____

_____

Redefine [ be·lle·za ]

## Accesorio para la vida
### Amor, conocer el amor de Dios por nosotros para que podamos amar a otros

*Ser bella significa desbordarse de amor por otros. No siempre es fácil, pero ¿quién dijo que la vida era fácil? Además, ¿qué dice eso de nuestro carácter si solo podemos ser agradables con las personas que lo son con nosotros?*

*Dios nos llena con su amor no solo para mostrarnos cuánto nos ama sino para que este se desborde hacia otros. A veces usar este accesorio será algo natural, pero en otras ocasiones se necesita un poquito de esfuerzo. Solo para practicar, propónte hoy hacer tres cosas amables para tres personas cualquiera. Escribe cómo te sentiste y cómo el hacerlo pudiera ser una bendición para ti.*

Una vez que vemos a Dios como nuestro Papá, él se convierte en nuestro ejemplo de cómo ver y tratar a otros. Tal vez no veamos un cambio en otras personas pero ellas verán un cambio en nosotras. Así que escojamos seguir el ejemplo de Dios para que podamos ser un ejemplo. Dios volverá a definir nuestras relaciones y las hará menos dramáticas (¿qué chica no quiere menos drama en su vida?), ser menos agobiantes, más alegres y más bellas.

*Dios, te pido que me guíes en las relaciones con mi familia, con los adultos y con los demás líderes en mi vida. Te pido que yo los vea como tú les ves y que los ame como tú los amas. Amén.*

Capítulo trece

{ Tu historia }

¡Chica, este capítulo trata de ti! Vamos a tomar este concepto de bella para escribir una pequeña historia sobre la belleza de tu propia vida. ¡Espera! ¡No te vayas! Te prometo que no recibirás una tarea por la que recibas una calificación, y no tienes que escribirla sola. Podemos escribirla juntas.

Solo quería pasar un poquito de tiempo dejando que tomaras todos los consejos de belleza, los accesorios para la vida y las conversaciones que hemos tenido sobre las relaciones y que lo apliques a tu propia vida. De esa manera no tienes que alejarte de este libro pensando: *Jenna, todo eso parece muy bueno pero no hay manera de que mi vida pueda parecer bella. No hay manera de que la relación con mi papá o con mi mamá o ni siquiera con Dios pueda parecer bella. Y no sé si alguna vez yo pueda verme bella.*

Hasta las historias más oscuras pueden tener un final hermoso. No importa qué historia hayas tenido hasta ahora, vamos a buscar la manera de hacerla todavía más bella.

Así que empecemos.

Todas las historias necesitan un título.

Qué te parece… «Mi vida. Una novela». No. Demasiado aburrido. Qué tal … «Transformación total del corazón». No, eso suena demasiado conocido.

*Está bien, qué te parece si tú misma le pones el título a tu historia. Después de todo es tu historia, no la mía.*

---

Ahora que ya tienes tu título, pensemos en una primera oración que sea súper buena. «Es el mejor de los tiempos, es el peor de los tiempos», ya la usó un tipo famoso llamado Dickens, así que mejor usamos algo más sencillo. Hmmm … ¿qué tal «Érase una vez»? Tal vez no sea original, ¡pero siempre funciona! Además, ¿a qué chica no le gusta una historia donde ella sea una princesa? Y toda historia de princesa tiene un «érase una vez». Así que ahí vamos:

*Érase una vez una princesa llamada _____ que vivía en un enorme castillo (la parte del castillo pudiera estar un poco exagerada) en _____.*

Bien, vamos a desglosar el tipo de situación familiar en la que tú naciste. Usa los renglones que aparecen debajo para escribir acerca de tus padres.

*¿Estaban juntos? ¿Conoces a tus dos padres? ¿Fuiste adoptada? ¿Se divorciaron? Entonces habla de cuántos*

*Redefine* [ be·lle·za ]

*hermanos tienes y dónde caes tú en el orden de nacimiento.*
*¿Eres la mayor? ¿La menor? ¿La del medio?*

_____

_____

_____

_____

_____

_____

_____

_____

_____

_____

Muy bien, sabes que hemos estado hablando de cómo tu papá es la figura primaria que afecta cuán bellas somos por dentro y por fuera. Bueno, escribe un poco sobre tu papá terrenal. Lamento que no hay mucho espacio, pero siéntete libre de usar los márgenes o la parte de atrás de la portada. Si no te gusta escribir,

puedes hacer un dibujo. ¡Es tu historia! Haz lo que quieras. A
continuación algunos temas a considerar:

*¿Dónde trabaja tu papá? ¿Está casado, soltero o sale
con alguien? ¿Cuáles son sus pasatiempos? ¿Qué tipo
de papá es? ¿Qué tipo de relación tienes con él?*

_____

_____

_____

_____

_____

_____

También decidimos que todos los papás terrenales se equi-
vocan, ¿verdad? A veces sus errores ponen las cosas muy feas.
Ellos no pueden salvarte de la locura de la vida. Esta es la parte
de la historia en la que necesitamos tratar un problema. Toda
historia tiene un problema. El problema de tu historia necesita
una respuesta a esta pregunta: *¿Qué cosa en tu vida ha impedido que
tengas relaciones bellas y que tengas una percepción bella de ti misma?*
Pudiera ser que esta sea la parte donde quieres ser honesta en
cuanto a la herida que tu papá o tu mamá te han causado. Pudiera
ser que quieras enfocarte más en las mentiras de tus compañeros
o de los medios de comunicación. Tal vez quieras enfocarte en
ti misma y en los malos hábitos que te has formado, ya sea una
adicción, egoísmo, amargura o falta de gratitud.

*Redefine* [ be·lle·za ]

*¿Cuáles son algunos de los problemas que te impiden*
*experimentar la vida bella que Dios quiere darte y de*
*experimentar la persona bella para la cual Dios te ha hecho?*

_____

_____

_____

_____

Ya que te estás haciendo vulnerable, yo me haré vulnerable. Un problema en mi historia era la inseguridad que tenía debido al éxito de mi papá. Pensé que siempre me conocerían como «la hija de Max Lucado» y nunca simplemente como «Jenna». Así que creé toda una serie de falsas expectativas para mí misma; sentía que tenía que ser la hija perfecta y exitosa que yo pensaba que todo el mundo esperaba que yo fuera. Me tomó mucho tiempo comprender que mi identidad no viene del éxito de él ni siquiera del mío propio.

Debido al problema en nuestras historias, tomamos malas decisiones: tenemos relaciones dañinas. Mi prima Holly sabe lo que es sufrir debido al problema de la historia de su vida.

## La historia de Holly

Ella tenía ocho años cuando escuchó las palabras que cambiaron su vida para siempre: «Nos vamos a divorciar». Me dijo que cuando era niña se sentía como una pelota de Ping-Pong que rebotaba de una casa a la otra. Hasta se fue de la casa porque no quería tener que volver a empacar las maletas. Anhelaba la estabilidad pero se sentía confundida, anhelaba la unidad familiar pero creció teniendo que escoger entre dos padres que batallaban, y anhelaba el amor de un papá, pero él vivía en otro lugar.

Cuando creció, Holly reconoció cómo la decisión de su papá de traicionar a su mamá definió tantos aspectos de su vida. Por ejemplo, peleaba con su hermano porque él se ponía de parte del papá mientras que ella se ponía de parte de la mamá. También le resultaba difícil confiar en los hombres porque el hombre principal de su vida había traicionado a su mamá. Y el divorcio la enojó con Dios. Ella cuestionaba por qué él permitió que eso sucediera.

*Toma un minuto para enumerar algunas de las esferas donde los problemas de la historia de tu vida han dañado tu perspectiva o las relaciones en tu vida.*

_____

_____

_____

_____

_____

Después de esta sección es posible que algunas de ustedes no quieran seguir con la historia. Luego de analizar los problemas en tu vida quizá quieras lanzar este libro al otro lado de la habitación. No sabes cómo pueda salir algo lindo de todo esto. Lo que sea que estés pensando, no pierdas la esperanza. ¡Te tengo buenas noticias! ¡Tú no tienes que escribir el resto de tu historia!

*Redefine* [ be·lle·za ]

¿Recuerdas que en unos capítulos anteriores estuvimos hablando de tu Papá celestial? Bueno, resulta que él es un autor con gran éxito de ventas que se especializa en finales felices. Él está aquí para escribir el resto de tu historia. Lo he invitado para venga y te ayude, pero me dijo que mi invitación solo puede ayudar hasta cierto punto. Él necesita que tú lo invites.

Dios anhela tomar las cenizas de tu vida y convertirlas en algo bello (Isaías 61:3). Él quiere ayudarte a abrazar tu historia y crecer a partir de ella. De la única manera que puedes hacerlo es dejándole que él tenga el lapicero principal. Con Dios escribiendo tu historia te garantizo que tu vida en la tierra no resultará exactamente como la habías planeado, pero sin dudas tendrás un «felices para siempre» celestial.

## Una nota de Max

*Tu vida es mucho más de lo que imaginaste alguna vez. Tu historia es mucho más de lo que has leído. Tu canción es mucho más de lo que has cantado. Un buen autor deja lo mejor para el final. Un gran compositor deja lo bueno para el final. Y Dios, el autor de la vida y el compositor de la esperanza, ha hecho lo mismo por ti.*

*Lo mejor todavía está por llegar.*

*Así que te insto a que no te rindas.*

*Así que te ruego que termines el recorrido.*

*Así que te exhorto a que estés presente.*

*Preséntate cuando Dios susurre tu nombre.[1]*

Si ya ves belleza en tus relaciones y en ti misma, Dios quiere hacer tu historia todavía más bella. ¡No te excluyas!

Entonces, ¿cómo es que Dios crea finales bellos? Primero, él espera que le entreguemos el lapicero y le pidamos que cambie la manera en que marcha nuestra historia. Cuando invitamos a Dios a ser nuestro Papá primero y más importante, él edita la manera en que vemos nuestros problemas. Edita la manera en que actuamos en nuestras relaciones, la manera en que pensamos de nosotros mismos y la manera en que lo vemos a él. Él hace que nuestra historia sea bella.

¿Estás lista para entregar lo escrito a Aquel que quiere escribir tu historia? Si es así, maravilloso. Si no, pídele a Dios que te ayude. Este sería un momento perfecto para pedirle que también se haga cargo de tu corazón. Pasa un minuto con Dios y pídele que tome el control de tu corazón y de tu historia.

Entonces, ¿cómo escribe Dios los finales bellos? ¡Él usa los problemas de tu historia para hacer que tú seas más fuerte! Él usa los problemas de tu historia poniendo personas en tu vida que están pasando por las mismas luchas. Y usa los problemas en tu historia para acercarte más a él. Mira el resto de la historia de Holly para que veas de lo que estoy hablando:

## UN BELLO FINAL

Holly dijo que su historia cambió a una nueva página cuando ella se volvió a Dios. Explicó que Dios y su familia de la iglesia la ayudaron a perdonar a su papá, un paso que la liberó de la ira y el resentimiento. Se sumó a una clase que su iglesia ofrecía para hijos que estaban pasando por un divorcio. Esta clase le dio mucho ánimo y ahora ella está activa, ayudando a otros niños que están pasando por lo que ella pasó. Ella empezó una relación nueva y

*Redefine* [be·lle·za]

más fuerte con su papá porque se enamoró de su Papá perfecto. Además, encontró al hombre de sus sueños y ya llevan seis años felizmente casados.

Tal vez el problema en tu historia es tan funesto que ni siquiera puedes escribir al respecto, mucho menos ver la luz al final de este viaje tan oscuro. Si es así, tal vez te identifiques con esta historia:

## La historia de Joyce

Joyce Meyer cuenta su historia en su libro *Beauty for Ashes*. Joyce creció con un papá que abusó sexualmente de ella mientras vivía en su casa. Cuando trataba de decírselo a su mamá, su mamá decidía creerle al papá quien decía que Joyce estaba mintiendo. Joyce recuerda cómo todo su cuerpo se llenaba de temor cada vez que ella escuchaba que el papá abría la puerta en la noche.[2] El miedo dominaba su vida y ese temor la paralizaba tanto que ni siquiera sabía cómo hacer amigos.

Joyce se sintió atascada durante mucho tiempo. Se mantuvo en el foso de la desesperación durante años hasta que empezó a devorar la Palabra de Dios y por fin entregó el lapicero y dejó que Dios fuera el autor del resto de su historia. Pero, ¿cómo pudo él transformar esa tragedia en triunfo?

Bueno, Joyce cuenta en su libro que tuvo que enfrentar la verdad sobre sí misma antes de seguir adelante con su vida.[3] Para Joyce enfrentar la verdad significaba reconocer la mala actitud que tenía para con el mundo debido al dolor de su pasado que aún no había sanado.

¿Qué verdad sobre ti misma necesitas enfrentar?

## Consejo de belleza
*Encontrar la belleza interior*

*Tal vez tu papá sea un abusador. Tal vez es maravilloso. No importa cuál sea tu historia, todo el mundo tiene inseguridades secretas. Cuando sientes dolor por dentro, se muestra por fuera en la manera en que actúas, en la manera en que te vistes, en la manera en que duermes por la noche. Aquí encontrarás algunas ideas basadas en la historia de Joyce que te pudieran ayudar a ser que tu interior sea bello y por consecuencia que tu exterior también lo pueda ser:*

- *Enfrenta el hecho de que te han herido. Sigues tratando de sacudirte el dolor pero mientras más lo haces, más corres. Y alejarte del problema no lo va a resolver.*

- *Examina tus síntomas. ¿Te quedas mucho tiempo en la cama o te aíslas mucho? ¿Te sientes constantemente triste o tu mundo siempre es gris? ¿Peleas mucho con los amigos o la familia? Todos estos son síntomas de un corazón que está reprimido o incluso deprimido.*

- *Enfrenta tu odio hacia tu papá, el odio a ti misma o el odio hacia cualquiera que te haya hecho daño. O, y esto es algo grande, ¿qué tal si ya es hora de que seas honesta con relación a tu enojo con Dios?*

- *Habla con alguien de confianza. ¡Esto es importante! Los secretos no se curan. Te insto, sobre todo si estás en una*

*Redefine* [be·lle·za]

> *relación abusiva, a que busques ayuda de inmediato y hables con alguien sobre tu dolor.*

Mira, mientras tú y yo no analicemos lo que sucede en nuestros corazones, no le entregaremos a Dios el lapicero para escribir una historia de sanidad y redención. No sabremos cómo amar por completo.

Otra verdad que Joyce enfrentó fue el duro pasado que su propio padre enfrentó cuando era niño. Él mismo fue abusado, así que no sabía cómo ser un padre saludable. ¿Eso excusaba su conducta? ¡No! Pero, ¿produjo compasión en ella? Sí. ¿Le has dado un vistazo a la historia tras bambalinas de tu propio problema? ¿Has hablado con la persona que te hace daño acerca de su pasado? ¿La razón de esa relación no saludable en tu vida está en una vida hogareña deshecha?

Muy bien, este es mi desafío. Regresa a la sección en la que escribiste los problemas y cómo han afectado las diversas esferas de tu vida. Ahora quiero que escribas una oración a Dios, pídele que use cada uno de los problemas de una manera específica, que los convierta en algo bello. Este es el ejemplo de mi propia vida:

*Dios, lucho con ser yo misma porque en el pasado muchas amigas me traicionaron, muchas amigas que no me aceptaban como yo era. ¿Usarás eso como una manera para que yo dependa de ti para mi autoestima e identidad? ¿Lo usarás como un recordatorio para que anime a mis amigas a ser quiénes son?*

_____

_____

## Accesorio para la vida
*Gozo al conocer la Fuente de todo gozo*

*Joyce encontró gozo en su historia. Ahora, todos los años ella habla a miles de mujeres acerca de Dios y de su fidelidad en su vida. Ha escrito innumerables libros y ha usado su experiencia para traer gozo a otras que están atascadas en la parte del problema de las historias de sus vidas. Encontró otro gozo en su pasión por la Palabra de Dios.*

*En la Palabra de Dios encontrarás todas las herramientas que necesitas para enmendar las relaciones rotas, tu propio corazón ¡y vivir una vida que esté llena de gozo! Pero este es el truco: no puedes simplemente leer la Biblia, tienes que vivirla. La Biblia dice: «...la fe sin buenas acciones es inútil» (Santiago 2:20, NTV).*

*El verdadero gozo viene al vivir la vida bella a la que Dios te*

*Redefine* [be·lle·za]

*llama en su Palabra. ¡Así que pruébala! Imprime versículos que te ayuden a perdonar más, a amar más y a servir más. ¡Hasta puedes cortar los versículos que te he dado en este libro! Puede que no sea fácil al principio, pero te prometo que el gozo inundará cualquier lugar oscuro mientras más te aferres a Jesús y a sus palabras de vida.*

Si tu vida ha sido fácil en sentido general, recuerda que Dios quiere usar tu experiencia positiva para moldearte. Y quiere usar tu conocimiento de cómo es un papá bueno, de cómo son las relaciones saludables y una fuerte autoestima para ayudar a las chicas que nunca han tenido un modelo positivo. Tal vez, después de leer este capítulo, veas a esa chica mala de la escuela de una manera diferente. Tal vez ahora te preguntes si ella tiene un buen hogar y si sabe que tiene un Papá perfecto que la ama. Tal vez Dios quiere que llegues a alguien debido a lo que tú has aprendido.

¿Cómo quieres que termine tu historia? ¿Quieres que siga amargada, apática, herida, enojada o deprimida? ¿O quieres dejar que Dios redefina tu vida para que puedas descubrir salud, alegría y paz? Es hora de entregarle el lapicero para que él pueda hacer bella tu vida.

## Capítulo catorce

# { Una promesa perfecta }

C uando yo estaba en séptimo grado mi papá nos dio, a mis hermanas y a mí, un regalo inapreciable por el día de San Valentín que yo nunca olvidaré. Él escribió una carta que imprimió en tres hojas de papel, una para cada una de nosotras, y las enmarcó. Estaban esperando por nosotras en la mesa de la cocina cuando bajamos dando saltos por la escalera, con la cabeza dándonos vueltas ante la idea de chocolates, flores, globos en forma de corazón y lindos ositos de peluche. Imagínate las expresiones inquisitivas en nuestros rostros cuando cada una recibió como regalo una carta enmarcada. Lo que yo no entendí en aquel momento fue que este pedazo de papel significaría más que unas flores que pronto se marchitarían. Las palabras en aquel papel ayudaron a moldear quien soy.

La carta era una promesa, y no estoy hablando de una promesa de «decir toda la verdad y nada más que la verdad, con el favor de Dios». No era la promesa de un papá de nunca cometer errores ni era la promesa de comprarnos cualquier cosa que quisiéramos o de dejarnos ver las ansiadas películas para mayores de 13 años que todas nuestras amigas podían ver. No. Era mejor que todo eso.

Era la promesa de mi papá de nunca abandonarnos. Era su promesa de amarnos, de proveer para nosotras, de permanecer fiel a nuestra mamá y de permanecer fiel como padre. Era su promesa de honrar siempre a nuestra mamá y de protegernos siempre.

Sin embargo, como una chica en la escuela intermedia, ¿cómo se esperaba que entendiera el significado de este regalo? Aunque conscientemente no sentí ningún cambio en mi corazón por motivo del regalo, ahora sé que muy adentro de mi alma esa promesa me ayudó a convertirme en una chica que confía en Dios, que sabe cómo amar, que está segura en el amor de sus padres, que sabe qué son el compromiso y la dedicación, que tiene esperanza, que cree que los sueños se hacen realidad y, sobre todo, que sabe por qué Dios quiere que le llamen «Padre».

Un padre verdadero ama, perdona, nunca abandona, consuela, escucha, ayuda, disciplina y anima. Y la promesa que mi papá me dio aquel día de San Valentín en la mañana ayudó a enseñarme cómo es este verdadero amor.

Tú tienes un Papá que te ha hecho esa misma promesa. Tienes un Papá a quien lo define el amor (ver 1 Juan 4:8). Él te sostiene en las noches largas y oscuras y se regocija durante los días felices. Él se deleita en ti cuando tú no te deleitas en ti misma, y te perdona cuando no puedes perdonarte a ti misma. Él te proporciona todo lo que pudieras necesitar y te da consejos para guiar tu camino.

Así que antes de despedirnos quiero compartir contigo una porción de la promesa que mi papá me dio a mí. Léela como si fuera una carta de tu Papá perfecto para ti, su hija querida. Empápate de cada palabra porque él te ha hecho a ti estas mismas promesas; él ha dicho: «Nunca te dejaré; jamás te abandonaré» (Hebreos 13:5).

*Redefine* [be·lle·za]

*Querida* _____, *[pon tu nombre aquí]*

*Tengo un regalo especial para ti. Mi regalo son las noches cálidas y las tardes iluminadas por el sol, risas y sonrisas, y sábados felices. Cuando haya tormentas afuera, quiero que estés a salvo conmigo. Esto es lo que quiero darte.*

*Pero, ¿cómo te doy este regalo? ¿Habrá una tienda que venda risa o un catálogo que ofrezca besos? No. Un tesoro así no puede comprarse. Pero sí puede darse. Y he aquí cómo te lo doy.*

*Tu regalo es una promesa: es la promesa de que siempre te amaré. Nunca te abandonaré. Nunca te despertarás para ver que me he ido. Nunca descubrirás que salí huyendo. Siempre me tendrás como tu Papá. Y yo siempre te atesoraré como mi hija.*

*Esa es mi promesa.*

*Ese es mi regalo.*

*Con amor,*
*Tu Papá celestial*

Después de leer esto tal vez quieras hacer lo que mi papá hizo para mí: recorta la promesa (sí, te doy permiso para que recortes el libro) y enmárcala. De esa manera cada día recordarás a tu Papá perfecto que siempre te ama, sea lo que sea.

Bueno, ha sido una transformación divertida. Hemos hablado de muchas maneras de cambiar nuestro estilo ¡y la he pasado muy bien contigo! Tal vez un día nuestros caminos se crucen, pero hasta ese momento mi desafío para ti es este:

Conoce a Dios como tu Papá. Al hacerlo, él volverá a definir tus relaciones y las hará afectuosas, centradas en Dios, libres de drama y alentadoras. Él redefinirá la manera en que te ves a ti misma y te hará más confiada, más alegre y alguien que honra más a Dios. Él volverá a definir la manera en que lo ves y te dará una comprensión de quién es realmente, un Padre perfecto que nunca te abandonará, que siempre te amará y que quiere llevarte a ser la mujer que él diseñó. En sentido general, toda tu vida se vuelve más bella cuando sabes lo que Dios ve cuando te mira.

# { Reconocimientos }

$i\mathcal{E}$ ste libro fue un trabajo en equipo! A todos los que pusieron su mano para hacer este libro posible, ¡gracias, gracias, gracias! Estos son algunos de los nombres que me apoyaron durante esta experiencia:

**MacKenzie Howard:** ¡Yo no quisiera tener que trabajar conmigo tanto como tú tuviste que hacerlo! Pero ya que eres la combinación perfecta de inteligencia, creatividad, humildad y bondad, aprendiste a soportarme. Para mí eres más que una editora fenomenal, te has convertido en una nueva amiga.

**Laura Minchew:** Tú eres algo extraordinario; sin embargo, te tomaste el tiempo para editar el material rudimentario de esta autora novata. Gracias por tu sabiduría. Gracias por tu apoyo. Gracias por tu paciencia. Y gracias por no ser demasiado extraordinaria como para no ayudarme.

**Greg Jackson y Mandi Cofer:** Greg, ¡no creo que el viejo refrán de «no te guíes por las apariencias» se aplica a ti por tu increíble capacidad artística para hacer que un libro cobre vida por fuera! Mandi, me quito el sombrero delante de ti, eres una maestra en eso de tomar un texto y convertirlo en arte. ¡Hicieron un gran trabajo, muchachos!

**Mary Graham:** Yo nunca hubiera escrito este libro si no me lo hubieras pedido. Gracias por creer en mí. Cuando crezca quiero ser como tú.

**Amy Chandy:** Al principio me intimidaste pero ahora me asombras. No te detienes en el sueño. Te detienes una vez que el sueño se hace realidad. Gracias por hacer realidad uno de mis sueños al dejarme ser parte del mejor equipo del mundo. ¡Te admiro, Amy!

**Mamá:** Gracias por llorar conmigo cuando yo lloro y por reírte cuando me río. No importa lo que yo esté pasando, tú buscas la manera de identificarte con la locura que haya en mi cabeza. Siempre tienes sabiduría para ofrecer y un abrazo que dar. Te quiero.

**Andrea y Sara:** ¡Ustedes son la mitad de este libro! Compartir la vida con ustedes inspiró mis historias y ustedes todavía me inspiran. Dre, tú me inspiras a amar a las personas, a vivir atrevidamente y a hacer miles de preguntas. Sara, tú me inspiras a ver con ojos espirituales, a reírme alto y a hablar menos. Las quiero a las dos con locura.

**Brett:** Tú fuiste mi mayor distracción. ¡Me sorprendía soñando despierta contigo cuando debía estar escribiendo capítulos! Tan pronto como te di mi mano, tú la apretaste fuerte en las altas y en las bajas de este libro. Tú eres mi amigo más íntimo, mi único amor verdadero y mi compañero de mecedora. Eres mi persona favorita.

Para terminar quisiera dar las gracias a todas las chicas que me contaron sus historias. Ustedes son la voz de este libro. Este libro no existiría sin su honestidad. Sigan usando sus historias. Es la mejor manera de convertirlas en algo bello.

*Redefine* [ be·lle·za ]

# Notas

Capítulo 3

1. Pruett, Kyle, *Father Need*, The Free Press, New York, 2000, p. 45.

2. Father Facts. 5th ed., Gaithersburg, MD, National Fatherhood Initiative, 2007, p. 136.

3. Leman, Kevin, *What a Difference a Daddy Makes*, Thomas Nelson, Nashville, TN, 2000, p. 7.

4. Blakenhorn, David, *Fatherless America*. Disponible en http:// www. americanexperiment.org/publications/1993/19930113 blanken-horn.php, January 13, 1993.

5. Popenoe, David, *Life Without Father*, Harvard University, Cambridge, MA, 1996, p. 149.

6. Ibíd., p. 143.

7. Robinson, Monique, *Longing for Daddy*, WaterBrook, Colorado Springs, CO, 2004, p. 120.

8. Popenoe, *Life Without Father*, p. 143.

9. Father Facts, p. 71.

10. Ibíd., p. 69.

11. Pruett, *Father Need*, p. 38.

12. Robinson, *Longing for Daddy*, p. 41.

13. Leman, *What a Difference a Daddy Makes*, p. 159.

## Capítulo 4

1. Ivy Sellers, *Q&A: Dr. Meg Meeker on Strong Fathers, Strong Daughters*, Human Events, 2006. Disponible en línea en http:// www.humanevents.com/article.php?id=17444.

2. Lucado, Max, *Promesas inspiradoras de Dios*, Caribe Betania, 2003.

3. Meyer, Joyce, *Belleza en lugar de ceniza*, Unilit, Miami, FL, 1997.

4. Lucado, Max, *Dios se acercó: Crónicas del Cristo*, Vida, Miami, FL, 1992.


## Capítulo 5

1. Lucado, Max, *Cuando Dios susurra tu nombre*, Caribe Betania, 1995.

2. Lucado, *Cuando Dios susurra tu nombre*.


## Capítulo 6

1. Lucado, *Cuando Dios susurra tu nombre*.

2. Lucado, *En manos de la gracia*, Caribe Betania, 1997.

3. Lucado, *La gran casa de Dios*, Caribe Betania, 1998.


## Capítulo 7

1. Lucado, Max, *Y los ángeles guardaron silencio*, Unilit, Miami, FL, 1993.


## Capítulo 8

1. DeMoss, Nancy, *Mentiras que las mujeres creen y la verdad que las hace libres*, Portavoz, 2004.

2. Ibíd.

3. Adaptado del libro de Max Lucado, *Con razón lo llaman el Salvador*, Unilit, Miami, FL, 1995.

## Capítulo 9

1. Adaptado del libro de Max Lucado, *Como Jesús*, Caribe Betania, 1999.

## Capítulo 10

1. Eastham, Chad, *The Truth About Guys*, Thomas Nelson, Nashville, TN, 2006, p. 122.
2. Adaptado del libro de Max Lucado, *Aplauso del cielo*, Caribe-Betania, 1996.

## Capítulo 11

1. Lucado, Max, *Un amor que puedes compartir*, Caribe-Betania, 2002.
2. Lucado, Max, *Sobre el yunque*, Unilit, 1996.

## Capítulo 12

1. Adaptado del libro de Max Lucado, *Él escogió los clavos*, Caribe-Betania, 2001

## Capítulo 13:

1. Lucado, Max, *Cuando Dios susurra tu nombre*.
2. Meyer, *Belleza en lugar de ceniza*.
3. Ibíd., p. 80.

*Nos agradaría recibir noticias suyas.*
*Por favor, envíe sus comentarios*
*sobre este libro a la dirección que*
*aparece a continuación.*
*Muchas gracias.*

*vida@zondervan.com*
*www.editorialvida.com*